CATARSE

Copyright © 2022 por Mauro Felippe
Todos os direitos reservados.

Gerente editorial Roger Conovalov
Preparação e edição Mauro Felippe e Roger Conovalov
Capa, projeto gráfico e ilustrações Rafael Nobre
Revisão Karla Ribeiro, Mitiyo S. Murayama e Alessandro de Paula
Impressão Imprensa da Fé

Todos os direitos reservados. Impresso no Brasil.
Nenhuma parte deste livro pode ser utilizada, reproduzida ou armazenada em qualquer forma ou meio, seja mecânico ou eletrônico, fotocópia, gravação etc., sem a permissão por escrito do autor.

Dados Internacionais de Catalogação na Publicação (CIP)
(Câmara Brasileira do Livro. SP. Brasil)

Felippe, Mauro
    Catarse / Mauro Felippe ; [ilustração Rafael Nobre]. -- São Caetano do Sul, SP : Lura Editorial, 2022.
    192 p.; 14 X 23 cm

    ISBN 978-65-80430-91-8

1. Poesia brasileira I. Nobre, Rafael. II. T

22-133656   CDD-B869.1

Índice para catálogo sistemático
1. Poesia : Literatura brasileira B869.1

Vera Lucia de Jesus Ribeiro - Bibliotecária - CRB 9861/8

Lura Editorial
Rua Manoel Coelho, 500, sala 710, Centro
09510-111 - São Caetano do Sul - SP - Brasil
www.luraeditorial.com.br

PREFÁCIO

Há poucos anos, já adulto, eu nunca sonhei com isso.
Eu sonhei com cores, filhos, luzes e até quedas, entre
outras coisas.

À Anne e ao Gabriel, meus filhos
aos queridos da minha família
e aos que ainda assim nadam contra
a corrente e acreditam no humanismo internacionalista.

RÉDEAS

Vi pessoas e
obstáculos.

Não progrediam!
Essas não deixavam pessoas progredir.

Dezoito horas, no relógio
dia indistinto
sinos repicando como de costume
sem obstáculos aos transeuntes.

Todas circulavam cabisbaixas
em sentidos únicos:
não progrediam
invejavam o alheio.

Tinham vozes ácidas
pensamentos tóxicos
a persuasão negativa
empurradas pelo cabresto: hipócritas!

TORTUOSOS

Pretende acertar a vida por
caminhos tortuosos
sem personalidade
envolta em futilidades.

Tudo em vão!

Retilíneos
um mar vazio
muito aprendizado pela frente
se escolher esse rumo.

DESAFETOS

O que você fará com seu

após seus desafetos sucumbirem?

EXCLUSÃO

Por razões evidentes
vamos excluir os　　　　péssimos políticos
da concorrência.

Político não pode ser profissional
de mandatos. Todo profissional
concorre naturalmente.

VELHO CONHECIDO

Todos os sonhos de comunhão desumana resultam, na prática, num velho conhecido: monopólio.

Marasmo e loucura
democracia e corporação
desordem e retrocesso
em conflituosa
harmonia.

EXTREMOS

Curativo e analgésico
contaminação e morte
desprezo e moral
em conflituosa
harmonia.

Fobias humanas
inclusão e desigualdade
em conflituosa harmonia
folga e aperto.

Simples e sofisticado
rural e cosmopolita
profano e sagrado
sempre em conflituosa
harmonia.

CONVENIÊNCIA

Palavras
de desafetos são
sempre absorvidas como
críticas destrutivas.

Já as dos aliados, enquanto houver interesses,
mesmo sendo críticas
soam como elogios.

Assim caminham os hipócritas da cidadezinha.

RÓTULOS

Oferta-me uma taça
do mais puro e descansado vinho.
Dispenso ser ou não *terroir*
da mesma forma o local.

Repito: deve ser apenas vinho
com história, com corpo, sem vícios
deverá vir numa taça simples
para esquecer de certas procedências.

Quero beber o vinho
sem que me rotulem
sem o gosto amargo dos odiosos
de certos sanguessugas do poder.

Ah! O ano, da guarda?
É o de sempre!

NADA MUDA EM LISARB

Lisarb é campeão da matança. É
o que mais mata no mundo. Aldeias
são dizimadas a cada reinado, enquanto
outras, menos fortes, são formadas para
sustentarem os reis.

Mata negros,
mestiços, caboclos, ambientalistas e índios. Não mata
reis e congressistas e, destarte, aqueles que Lisarb
castiga e aniquila não são os mesmos
que aquele país acolhe e perdoa.

Não são
os mesmos que constam, de forma
romântica,
nos seus livros de história.

ANTIDEMOCRÁTICO

Ao contrário do pensamento de alguns
criminalizar e prender
com carta branca às instituições corrompidas
gera sensação de insegurança.

Desta forma, a culpa estará sempre
no outro. Os vulneráveis sempre
serão criminosos presumidos.

FÍGADO

A baixa política utiliza o fígado como principal isca.

Esta vende mais balas de prata e colhe mais a raiva e o ódio.

HAICAI

Ricos
Cheios de dinheiro
Sem amigos verdadeiros.

O MENINO

Serelepe, o menino
despido, pé no chão
só estava sendo feliz
sem qualquer intuição.

O menino, pudico
assoviava hinos da infância
sobrevivia fazendo bico
despido, pé no chão.

Nenhum dissabor da vida...
roubou a sua infância.
Até que tentaram...
mas só estava sendo feliz.

SÚPLICA

Geme a senhora
caída na calçada. Cidadãos
passam sem avistá-la
e apenas observam moedas caídas no chão.

Precisava ela apenas de um plug
para ser escoada ao chão da fábrica
entre pessoas estocadas, febris
com diversas tonalidades.

Estava fazendo bem para o comércio
que a mantinha na calçada suja
transparecendo movimentos
atraía pessoas para o seu centro.

Abordada por um fatal estranho
manteve equilibrada sua personalidade.
O lucro não lhe interessava
aspirava pelo plug para o chão da fábrica.

Jamais solicitou mérito e perfil
gritava mais que acenava.
Os cidadãos não a viam como humana
nem mesmo na linha de produção.

— Tudo pronto, então!
gritou o mercante chefe.
— Vamos deslocá-la para outra calçada suja
Eis que, aqui, esgotaram-se os clientes de luxo.

IMPOSSIBILIDADE

Jamais haverá revolução
sem antes estar
estabelecido o caos

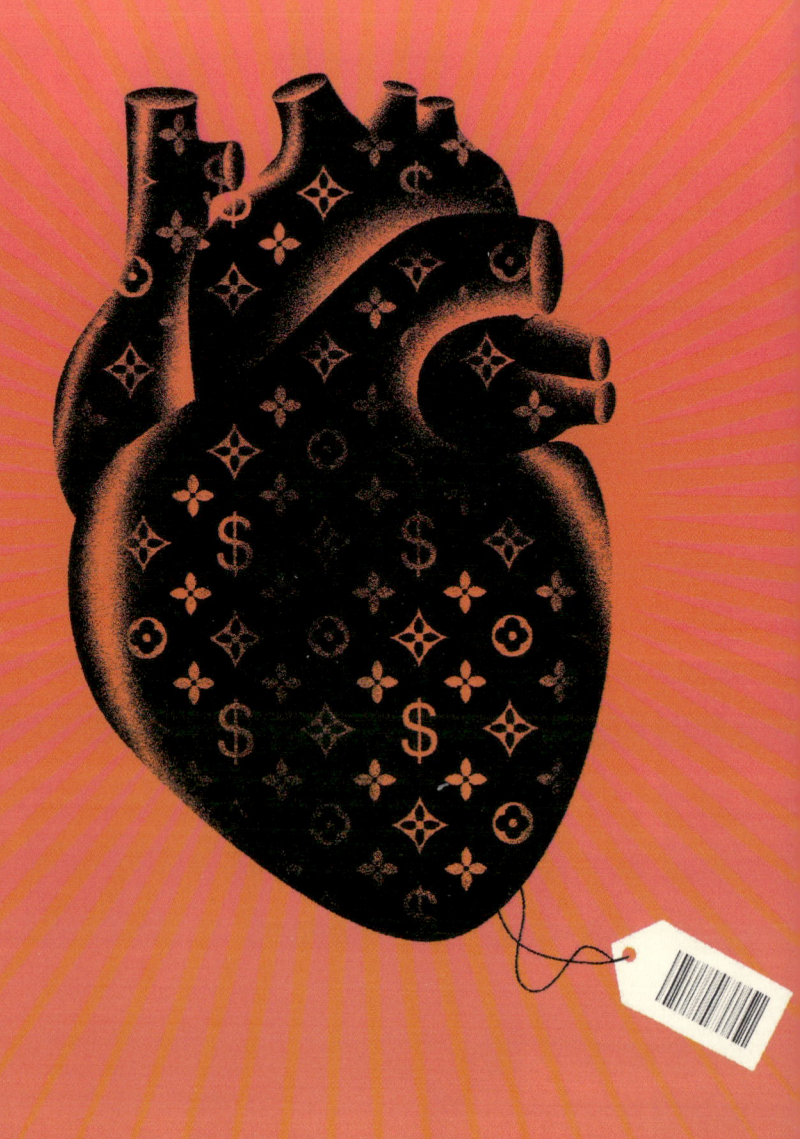

PACOTES

Tudo pronto, senhor
para conectar o fusível
para transformá-los em pacotes
para o grande desfile de embalagens.

Cuidado para não entregar
os invólucros humanos
os curativos da sociedade extinta
os pacotes estampados coloridos.

Estarão prontos para serem usados
será um grande desfile
resta apenas o fusível
para lacrar a espécie cruel!

...e os corpos vagueiam
ao longo da linha de pacotes
um a um, desfilando na esteira
para o destino finito. E infiel.

ENFERMO LUGAREJO

Lisarb, seio de tudo
aglomerado urbanizado
este enfermo lugarejo
incomunicável desde o nascimento.

Seus veículos, os poucos que existem
são suicidas, patrocinados...
...pelos reis soberanos
que não sabem dirigir automotores.

Delega o indescritível
aos que suplicam dignidade
nas aldeias, aos povos
aos drogados, vítimas do Estado.

O sol escaldante sobre as cabeças
não encontra óbices no chão preto
úmido pelas lágrimas dos enfermos
derramadas sobre os seios de todos.

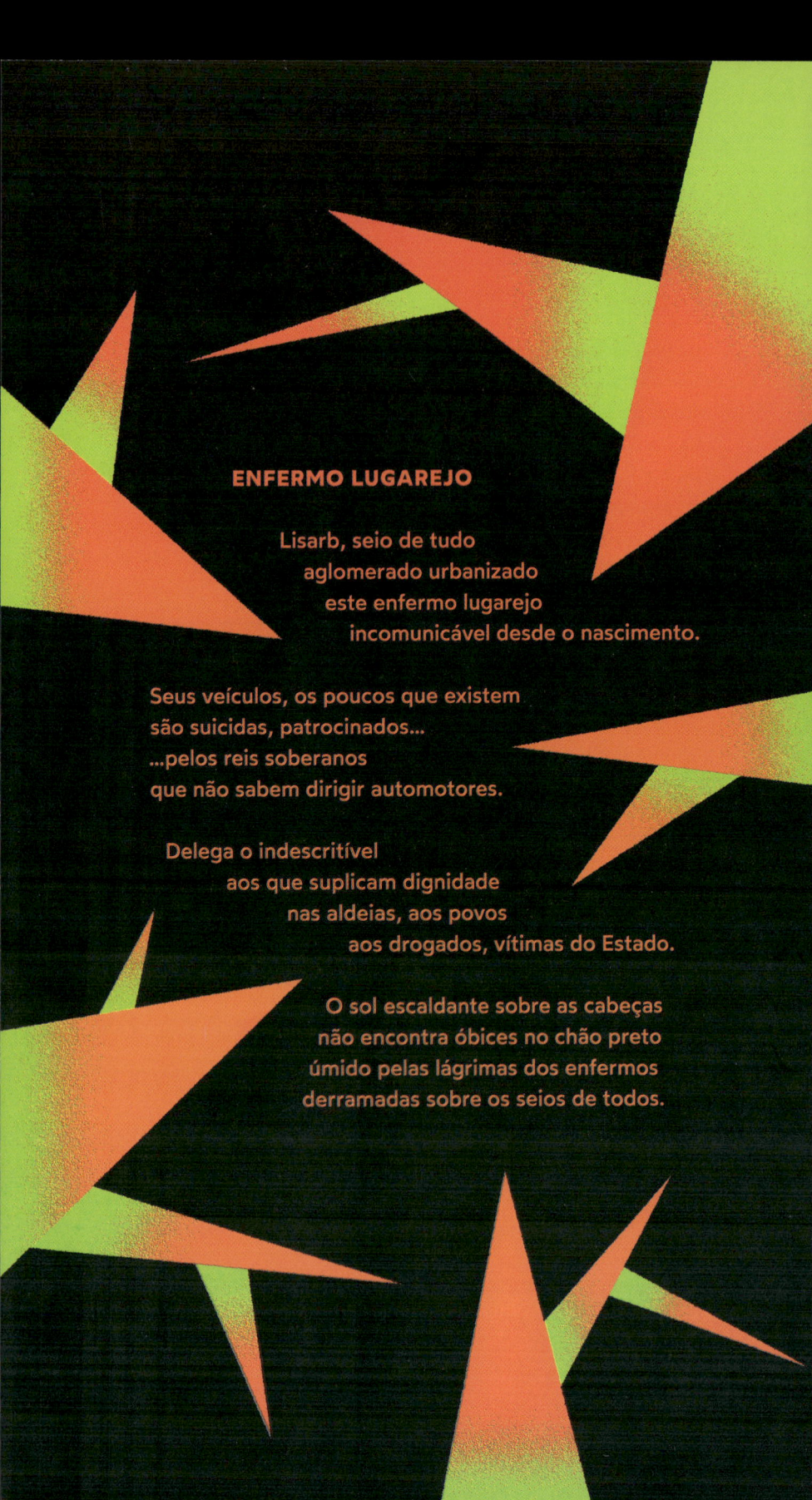

RUA VELHA

Quando as árvores se
deslocam sem hora marcada
os postes, entrecruzados pelos fios,
também perdem seus lugares.

Vêm movimentos lentos
modificando aquela vila dos poucos
perfazendo o imprevisível
ao menos em curto espaço de tempo.

Novos postes robustos se fixam
as árvores perderam-se para os arranjos
para os arbustos imperceptíveis
para as vias retilíneas.

E, assim, se foi a minha velha rua
tão cultivada de sonhos de infância
virou concreto, angular
sem raízes aparentes, envolta num emaranhado de fios.

A VERDADE FALSA

A verdade está em baixa
também na esfera pública...
aliás, nesta esfera dos povos
nunca esteve em alta, o que é uma verdade.

Ainda que a mentira, também na política, seja tão velha
...quanto a própria política
sua velocidade de propagação possui dimensão fenomenal
— uma metástase industrial, conforme o perfil do receptor.

A mentira, bem acima da verdade
produz tudo o que é irreversível, inclusive o clamor público.
Sua contestação sempre tardia
e o desmentido sempre chega tarde demais, fatalmente.

Notícias e informações circulam aos ventos
frações de segundos — aos ventos, destruindo a todos
forjadas, propositalmente, para não informar
para provocar ejaculações falsas imediatas.

A verdade está em baixa.
— Quando ela se levantará?
Pode demorar, na esfera dos povos
sempre que necessária, chega tarde demais.

A falsidade provoca emoções e espasmos
e não são meros agravamentos dos sintomas.
Tudo isso é antigo, tão velho
...como a própria política.

Não há remédios para patologias sociais, de tão imensas
nem enredos ou marchinhas que convençam o corruptor...
Na esfera dos povos, infelizmente
os curativos estão em baixa, como a verdade.

CONVENIÊNCIA II

Sem qualquer exceção
todo político
age como hipócrita.

Cedo ou tarde
por força das circunstâncias e da opção de se manter
no poder
age como hipócrita.

PRÉDIO DE VIDRO

Nossa Senhora do Rosário
dos homens pretos
mãe dos cidadãos
vítimas do descaso dos governantes.

Sob seus olhos havia um prédio
um imóvel ocupado pela falta de moradia
viventes na marginalidade imposta
nos fragmentos da sociedade civil.

Não bastasse, vários andares de vidas
por todos os lados
habitados sob o comando de um movimento
cujos coordenadores neles não residiam.

Naquela noite, seus olhos avistaram
Oh! Nossa Senhora — tudo caindo.
Assistiram ao descaso em chamas:
um prédio, um homem, um corpo caindo.

Escancarou a tragédia prevista
selou o drama dos ocupantes
restaram escombros sobre a burocracia

o fogo consumiu os suplicantes.

VISTOS, ETC.

Antônios
Franciscos
Josés.

Retratos de um povo
em carne e osso
drama brasileiro
trabalhadores sob escravidão.

Magnatas insistem citar
Analogias à escravidão
para aliviar as penas dos manipuladores
persistentes.

Famintos, em miserável situação
escravos e mutilados
endividados e sob ameaça
de morte.

E... dos ricos patrões
pela falta de fiscais
da abolição
à manutenção.

ANJOS DO TEMPO III

Longas labutas
incolores — indolores
persistentes
atemporais, decentes.

"Os anjos nunca sabem
a hora — o momento
para fecharem o livro
e se declinarem, graciosamente."

Têm paciência
de certa forma exagerada
não lutam contra o tempo
nele, surgem deliciosamente.

Nunca saberão o volume da luta
nem a página derradeira — o epílogo
declinam-se ao exercício, apenas
da prestação do ente.

O PLANTÃO

Plantada na porta
do plantão
noite fria e estranha
a neta reclamava:

— É o preço que a gente paga
no plantão
por não poder ter plano de saúde...
e a história continuava:

— Salvem a minha avó!
Chegou doente, mas lúcida,
no plantão,
é idosa, requer cuidados:

—Dê atenção intensiva
dos profissionais da unidade
dos plantonistas...
...salvem-na onde estiverem...

— 2h50, intubaram a minha avó
no frio do corredor lotado
no plantão
pra aguardar uma vaga ou lugar no chão.

— Agora, 3h20, não há o que fazer mais — ouvi.

No plantão da madrugada
Sem plano de saúde
faleceu onde estava
no plantão.

Nem foi deslocada
nem sabia de nada.

A neta perdeu sua avó
a mesma que substituiu sua mãe
durante toda a sua vida.
Descobriu que nem estava cadastrada no
Sistema...
...do plantão.

Descobriu-se, após
no plantão
que o nome nem estava no sistema
faleceu nas mãos do Estado.

Restou-lhe a cova, sem lápide e rasa.

REFÚGIO

Senhor jurista
juiz federal ativo e combativo
do país vizinho irmão
é imigrante confesso.

Quantos acórdãos gerados
por ávidas decisões fundamentais à ordem
...não foram capazes de evitar
a sua maior e dura sentença.

Fugir da mortal imposição
o imigrante confesso agora reside aqui
também insultado pelo novo povo
deste país vizinho irmão.

Tudo de novo, novamente.
Aquela ditadura o expulsou
imigrou às garras dos hipócritas
acolhedores hipócritas, daqui.

O mesmo povo que o acolheu agora o rejeita
um imigrante juiz.
Povo que o condena por não aceitar um refugiado
de um país vizinho irmão.

RELEITURAS

Certos temas ou atitudes
nunca foram prioridades...
para a sociedade
ditosa sociedade.

O tempo arrasta conceitos
e os preconceitos os acompanham
sempre em caminhos tortuosos
prontos para serem relidos um dia.

Talvez pelas ironias
ou pelos incertos destinos
tenho relido muitas linhas esquecidas
que outrora não me fizeram parar.

Ultimamente, ou melhor,
há alguns anos,
tenho agido em repetição.
Não me chega!

DANÇANDO NO PÓ

Nove meses após o anúncio da paz mundial
mandatários se reuniram sob fortes holofotes
para anunciarem que estavam perdendo seus poderes.
Eles não sabiam mais como governar se a guerra não retornasse.

A paz estava consolidada em todo o universo
os novos tempos chegaram em boa hora
deixando incertos os destinos dos chefes das potências
perante as suas diplomacias e os aliados.

Pelo visto, a pacificação generalizada atingiu...
em cheio, os pseudomártires
os autodenominados donos dos povos e absolutos humanos
hipócritas em sua essência perante a humanidade.

Outrora, a música era outra:
quem não dançasse o ritmo certo
poderia conhecer o mesmo destino dos mortos de guerra
dos famintos operadores dos tanques de guerra.

Há nove meses, outra música toca uníssona:
como a paz já estava consolidada em todo o universo.
O mesmo ritmo era o correto para todos
os fortes holofotes, sobre as cabeças dos desumanos, apagaram-se.

IMUTÁVEL

A imparcialidade é quase sempre uma forma hábil de expressar uma posição sutilmente parcial.

IMUTÁVEL II

Mente quem diz ser imparcial ao público que o segue
ou está acomodando ou
quer evitar discussões que o levarão
à parcialidade.

A expressão imparcial o deixa imune aos que não
o seguem.
Não existe mentiroso imparcial;
não existe total imparcialidade.

A LÍNGUA VIVA

A língua, por ser viva,
presta-se, por vezes,
às distorções clássicas
sobrecarregando o linguarudo usuário.

Certas imprecisões da língua refletem,
com frequência histórica,
em ações desinformadas ou falsas
por culpa do linguarudo usuário.

Se o que diz a língua é falso,
não pode ser notícia,
não segue princípios,
sobrecarrega quem a publicou e o linguarudo usuário.

Mas, muitas vezes, alcança tantos ouvidos...
propaga tanta mentira...
que chama para si tantos interessados...
do mesmo nível do linguarudo usuário.

O LEGADO DO PESSIMISTA

O pessimista apenas sabe fazer uma única coisa em sua vida:
sentar e esperar que irá dar tudo errado.

SI

O senhor das palavras
é o senhor de si mesmo.

JUSTA

A pessoa simples
e justa não tem motivos para fugir às ofensas.
Se reagir
ficará muito ferida
ao contrário do ofensor.

DESCARTÁVEIS

Ao menos, em nosso país os políticos são produto e não a causa.

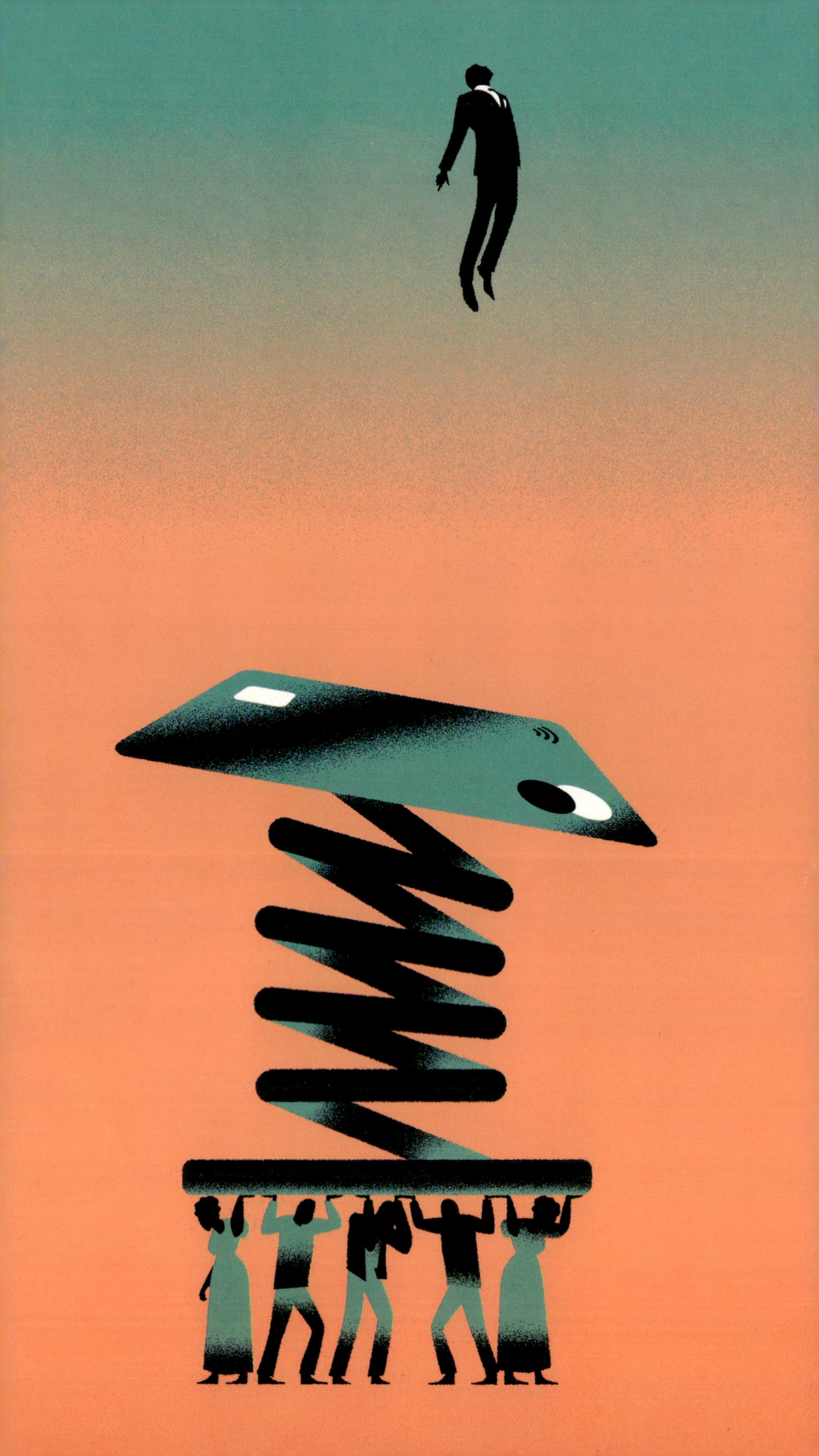

CARREIRA PROMISSORA

Malogrou, outra vez, a tentativa de chegar ao topo
sem esposar qualquer grande ideia
ou simbolizar qualquer movimento político.

Aliás, sua profissão é ser político
e sabe que jamais estará morto
neste jogo de fartura e impunidades.

Não, não está morto!
Mesmo que denunciado à Corte
jamais considerar-se-á morto.

Aguarda um futuro sempre promissor:
A politicagem o fez pensar assim
sem expor quaisquer grandes ideias.

Nunca pensou no país.
Apenas em manobras pueris
que o deixam muito rico, impune, e ainda de olho no topo.

O RESISTENTE

Esta revolução parece ser longa
Ele se senta no chão já altamente polido
Por tantos calçados que o pisotearam
Esperando seu mal-estar desaparecer.

Recuperado, deparou-se com um corredor moderno
Onde pessoas caminhavam num único sentido
Chão polido por seus sapatos
Aqueles mesmos que outrora calejavam.

Logo, pois, um vendedor de tudo —
até sonhos ofertava ao lado de sua carroça.
Inclusive, ofertou-lhe uma embalagem para o seu corpo
para protegê-lo do faminto mercado.

O "jornal do tempo" anunciava nova alta dos preços
...e dos corpos que resistiam ficar sentados
sobre as calçadas polidas pela multidão
fazendo com que ele se levantasse.

Certificou-se de não ter mais tonturas e se levantou
Despediu-se do vendedor de humanos embalados
Amarrou seus cadarços e partiu novamente
em busca do velho sonho de ser feliz.

MENTIRAS SINCERAS

Em nome de um deus
o dinheiro jorra nas redes de interesses
e quem o prega
disputa as migalhas que seriam dos súditos.

Os beneficiários de Lisarb, principalmente os pobres
creem muito nos pregadores
e, em nome de um deus
perdem as migalhas que seriam suas.

Na corrida do ouro
a pregação falsa vale mais que a verdade.
Tudo em nome de um deus,
tudo em nome da sinceridade divina.

PESSOAS

As pessoas,

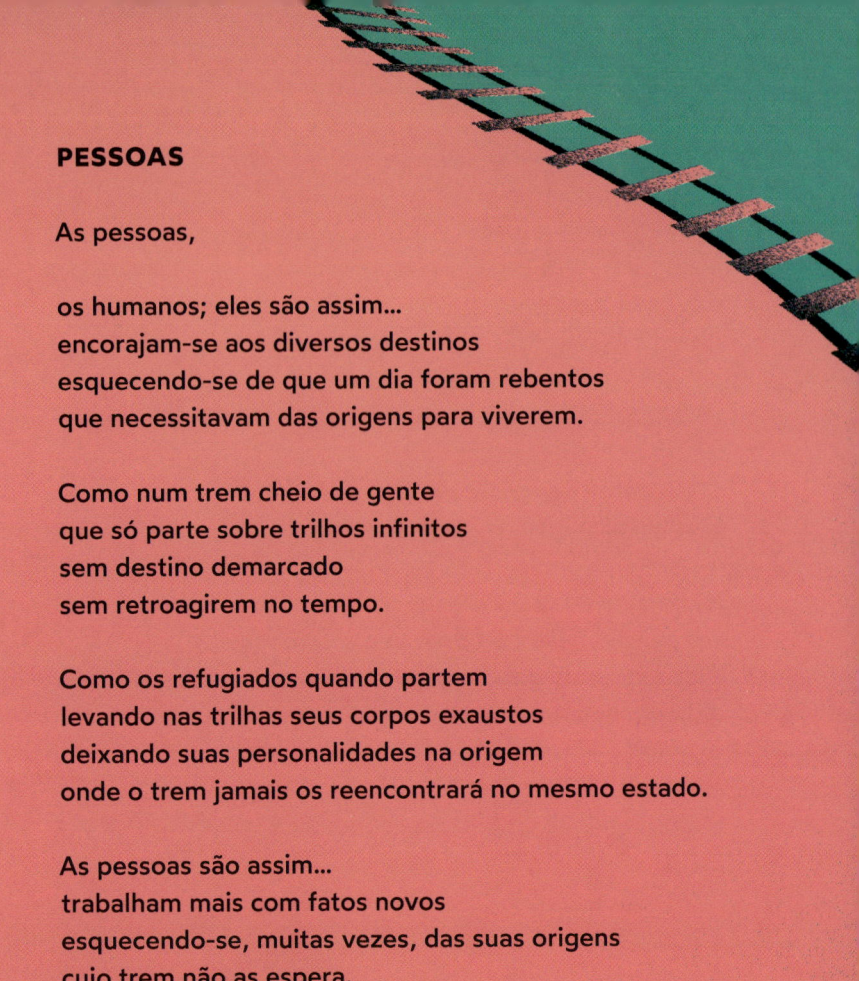

os humanos; eles são assim...
encorajam-se aos diversos destinos
esquecendo-se de que um dia foram rebentos
que necessitavam das origens para viverem.

Como num trem cheio de gente
que só parte sobre trilhos infinitos
sem destino demarcado
sem retroagirem no tempo.

Como os refugiados quando partem
levando nas trilhas seus corpos exaustos
deixando suas personalidades na origem
onde o trem jamais os reencontrará no mesmo estado.

As pessoas são assim...
trabalham mais com fatos novos
esquecendo-se, muitas vezes, das suas origens
cujo trem não as espera.

PRECOCE

A morte precoce
é a pior das penas
para quem planeja viver
com intensidade.

MÉRITO

Hey!
Não precisas ser melhor
do que ninguém,
mas dá o teu melhor.

HERÓIS

Os heróis nascem
pelas suas determinações
e não pelos seus talentos.

ROLANDO OSSOS

O comandante do campo tinha uma esposa
sádica e obsessa
mãe de seu filho.
Amava colecionar e rolar ossos humanos.

Rolava os ossos com os pés
do extermínio, vítimas do Regime.
Colecionava o que achava os mais bonitos
com seus pensamentos mais insanos.

Moça nascida no interior
alegre e educada
pudica na escola e nos afetos.
Adotou o Regime e os deleites urbanos.

O comandante foi seu primeiro amor.
Viviam fora das câmaras de gás onde se amavam
rolando os ossos em atos desumanos
longe dos corpos suburbanos.

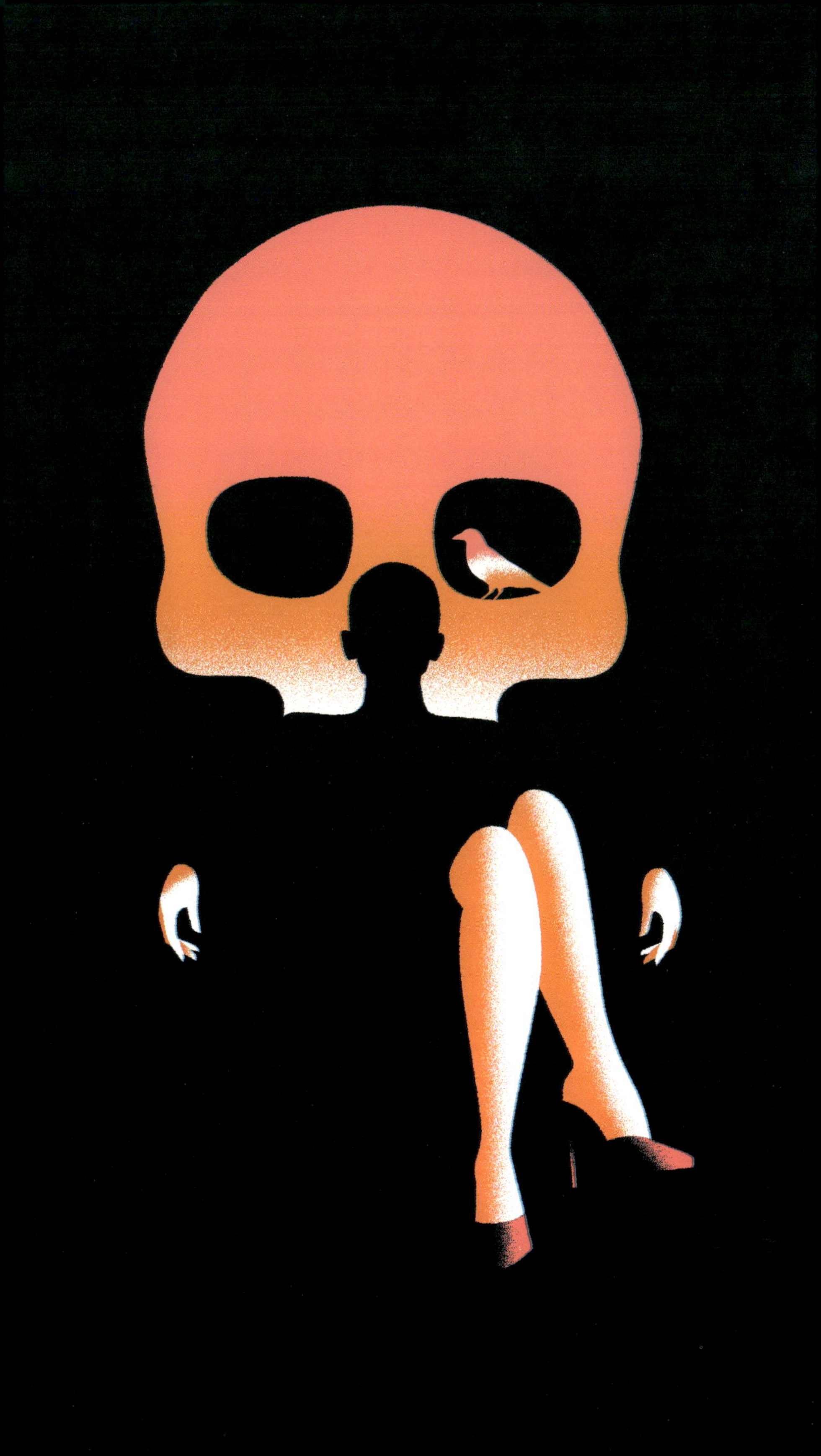

A REVOLUÇÃO DAS BATATAS

Os tubérculos sumiram
não estão mais nas prateleiras
nem nos caminhões
nem disfarçados de legumes.

Passaram a reivindicar
foram abandonados...
no sol, na chuva
pela demora na chegada dos destinos.

Travou–se a revolta:
"a revolução dos tubérculos"
que querem um preço melhor
antes de serem consumidos.

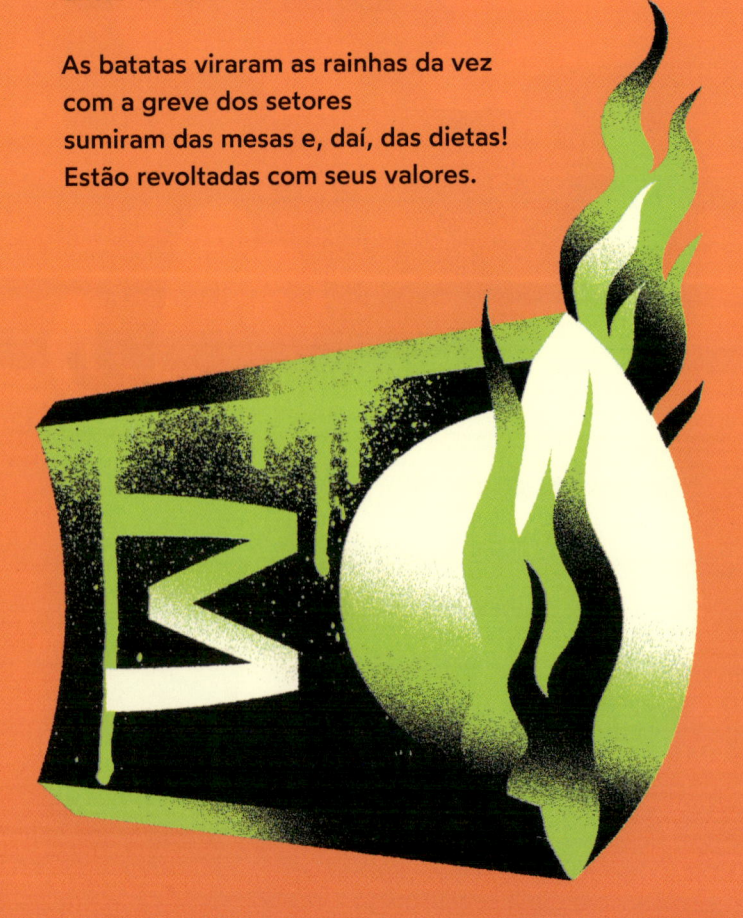

As batatas viraram as rainhas da vez
com a greve dos setores
sumiram das mesas e, daí, das dietas!
Estão revoltadas com seus valores.

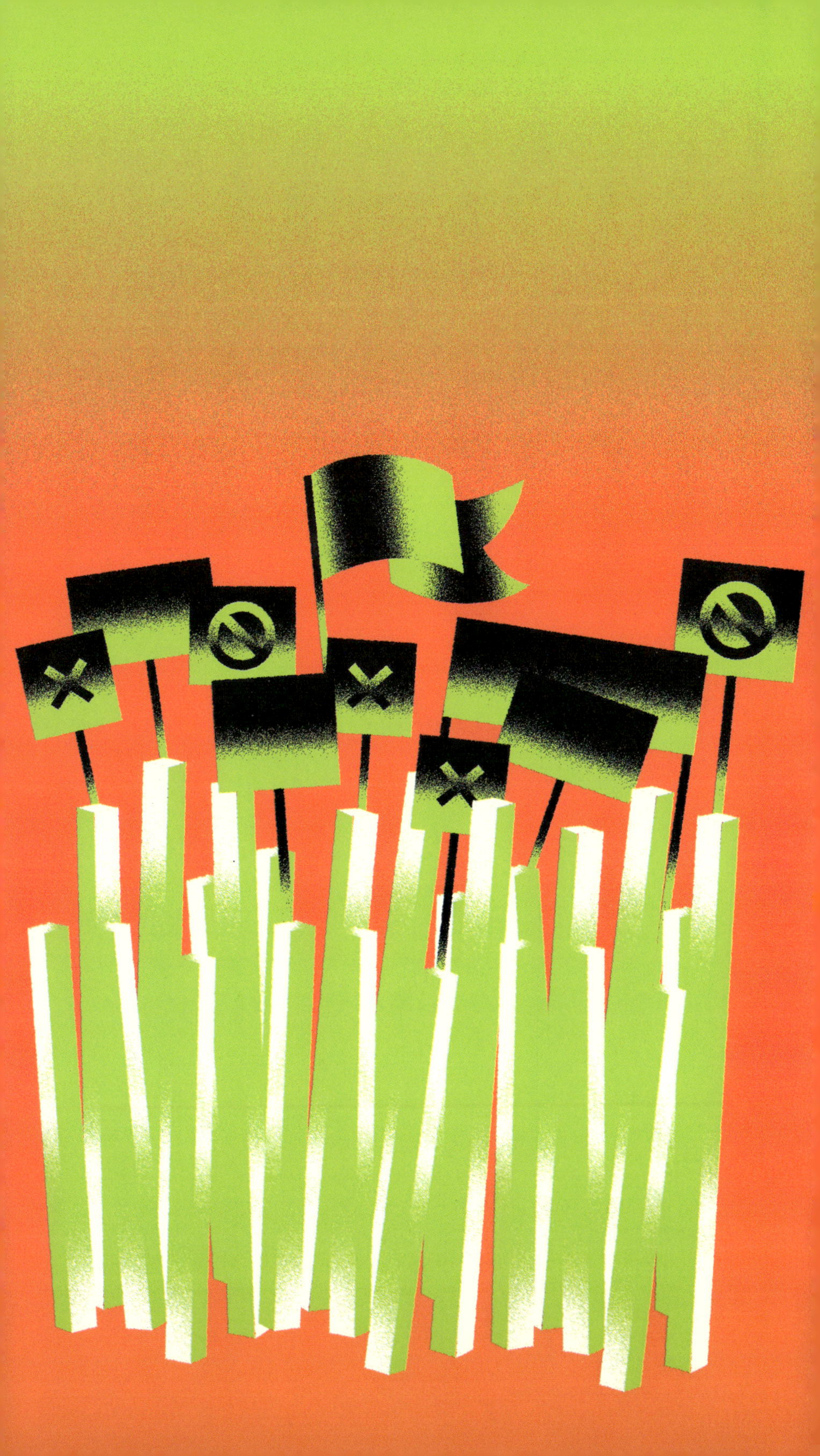

SOCIEDADE

Os menos favorecidos
têm sido, há séculos, deixados de lado
em Lisarb.

Têm sido
deixados de lado em Lisarb, há séculos
os menos favorecidos.

Em Lisarb
Os menos favorecidos, há séculos
têm sido deixados de lado.

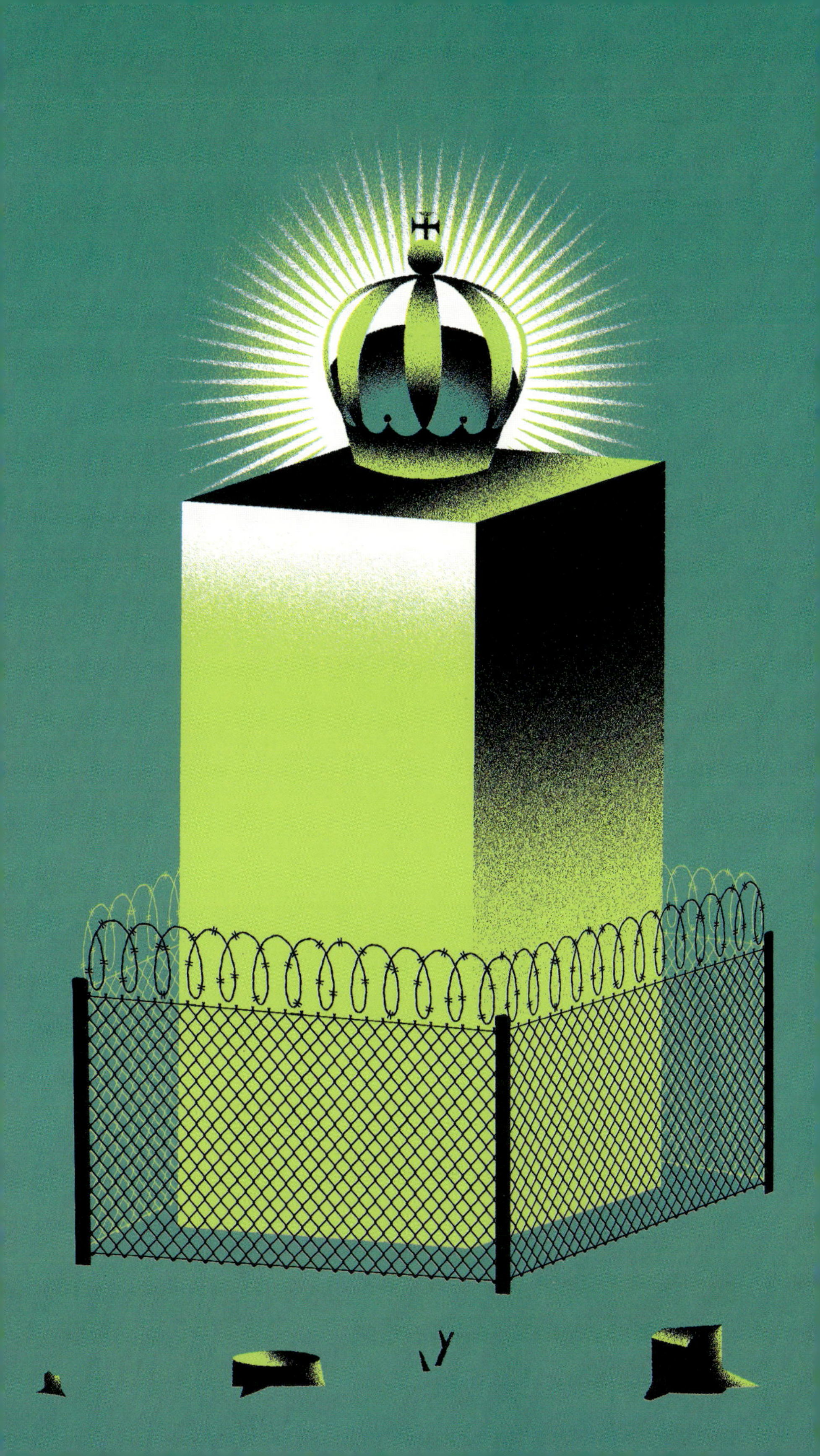

DINES

Jornal anunciara tempo negro
Uma assertiva da meteorologia
Do golpe da natureza
Sobre um país prestes a ser varrido.

Sim, varrido por ventos fortes
O ar está irreparável
A estrutura do Estado corrompida
Mas que não rompe nem com lava-jatos.

Bateu forte a ventania
Pré-anunciada por Dines
O impresso se viu perdido
Foi levado pela tempestade até o bueiro.

Chamaram Abraão para os consertos
O mesmo que anunciara o tempo negro
Mas esse faleceu sonhando com a calmaria
E insistindo que um dia o jornal voltaria.

O RETORNO DE PUCK

Quando cessou suas atividades dominicais
Puck decidiu rever sua trajetória...
Seus livros, seus possíveis acertos
Seus exagerados erros.

Nasceu em 1966, ano surreal
Período calmo, tranquilizador
Quando as revoluções eram apenas culturais
Do jeito de ser e de viver.

Ainda se orgulha de ter nascido em Lisarb,
País que o expulsou ainda criança, por ser sonhador
Junto de Tolst, seu melhor amigo
Que desapareceu logo após o exílio.

Uma aldeia a tornou universal
Um microrganismo da sociedade que o acolheu
Revolta aos reis e às contradições
Como exatamente era para ser.

Não demorou, provocou a ira de alguns religiosos
Aqueles mesmos que o abraçavam quando recebiam
seu dízimo
Os mesmos que deixam a ética
Só porque cessara suas atividades pelo cansaço.

Os rabiscos, só relidos agora
Porque todos os antissemitas rezaram
— Aliás, sempre rezaram —
Foram convertidos em canções cantadas outrora.

H	I	A
Os		humanos
justificar		
ou		projetos
são	vulneráveis	aos
pelas		costas
Com		palavras
toda	palavra	forte,
destrói		as
palavras	de	espírito.

T	O	S
que		tentam
existências		vazias
		medíocres
que	os	apresentam
(pela		frente).
irônicas,		visuais
	mas	verdadeira
ilusões		das
As	brandas,	nem
		sempre.

REFÚGIO II

Esposo-me em tuas hastes
As únicas que te restam
Ainda semeando vida pelas lacunas
Do nascer do sol à queda no berço.

Não seriam tão fortes como outrora,
Mas hastes não se quedam
Nem se transformam
Quando são feitas de resiliência.

Debruço-me no suporte natural
Da sobrevida, do hoje
Onde encontro refúgios arejados
Onde as dores do passado silenciam.

HAICAI II

Hipocrisia humana
tudo com "h"
pior que os homens.

HIPOCRISIA II

Há pessoas
que se consideram religiosas.
Destratam pessoas, plantas
animais.

Rezam, pregam
rezam...
para ser religiosas.
Vazias.

HAICAI III

Morto escavado
mineração à vista
natureza morta.

A AURA DE PUCK

Um sonho causou o barulho esperado:
enquanto uns saudaram a coragem de Puck
outros o acusaram de semear a heresia.

Puck tinha razão:
suas canções atingiram o inesperado
o coração do bruto e de sua cria.

Se o encorajamento andara adormecido
as sensibilidades despertaram com fúria
feito que, até pouco tempo, não as sentia.

Continuo sentado na velha escada
aguardando-te novamente para recantar aquela música
que, há tempos, não ouvia.

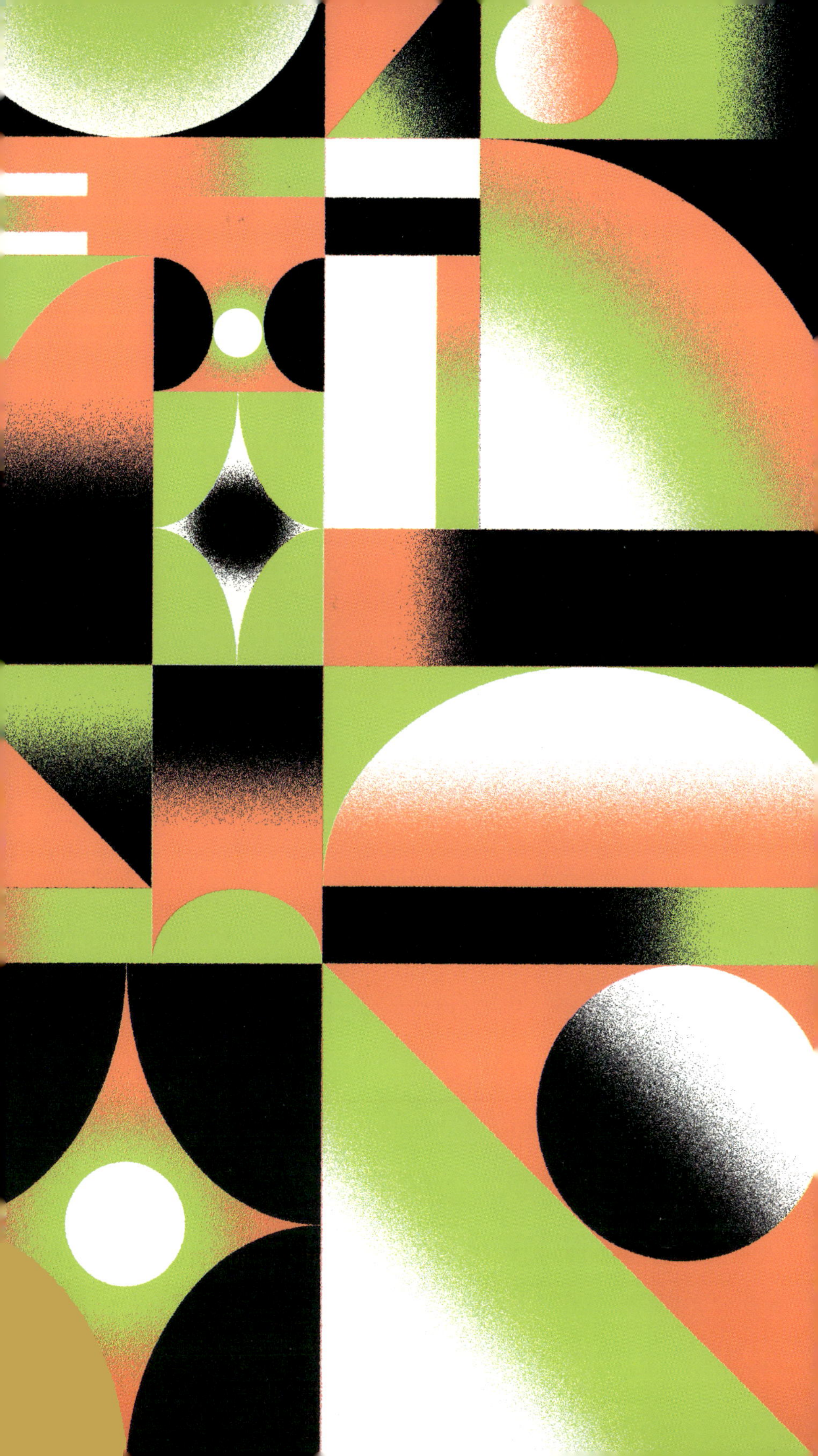

TERRA TRINCADA

Se da terra também brota a vida
Sem água a terra brota nada
A mãe guardiã escala a bica
Para a filha recém-chegada.

Como a terra seca nada dá
As retirantes antecipam suas partidas
Sonhando voltarem ao nada de outrora
Para o tudo de suas vidas.

Cara água do Monte Nevado
Com pó nem abutre gorjeia
Busca-se vida na terra trincada
Colhe-se o nada de quem a semeia.

DESIGUALDADES

Numa sociedade desigual
hipócrita até nos princípios
não há como insistir
que todos sejam iguais.

Em Lisarb,
todos nunca foram iguais
perante as leis, fortunas e direitos.

ÁREA DE CONFORTO

Enquanto lhes for conveniente
ou confortável
há um instante de silêncio
mesmo com receio.

Ao serem evocados
há, a princípio,
o interesse da benevolência
cheia de falsidade.

Após, ao acharem — receosos
que a poeira voltou ao chão
retornam à área de conforto:
a hipocrisia.

O NÓ

O nó
deliberado
ato humano deliberado
aos humanos.

Liga os pontos
vincula-os com força
entrelaça-os sem limites
unindo-os para o final.

Potencial homicida
deliberadamente
ponto crítico
devastador total.

Nó na garganta
operário mudo
cavaleiro morto
vassoura de bruxa.

SONHAR ALTO

Instigando-se a imaginação, a valorização
a vantagem da história e a
busca das raízes, criam-se sonhos.

Expressões que servem de enxertos
com húmus, onde tudo se prolifera.

A base dos sonhos é a vida
pregressa, desde a primeira felicidade da pessoa
até a conquista da primeira vitória
antes longínqua.

Mantendo-se a história viva
relembrando-a quando oportuna,
desperta-se a curiosidade
a sensibilidade, a importância de ser alguém.

Uma mente instigada ao
desenvolvimento, estimulada
pelos pais e professores da vida
tende a sonhar alto.

Mesmo que o tamanho de suas asas
não seja compatível
com o tamanho
do sonho.

A pessoa que não sonha
Vive no vazio, vulnerável
à hipocrisia, ódio, egoísmo, inveja.

Como é bom sonhar!

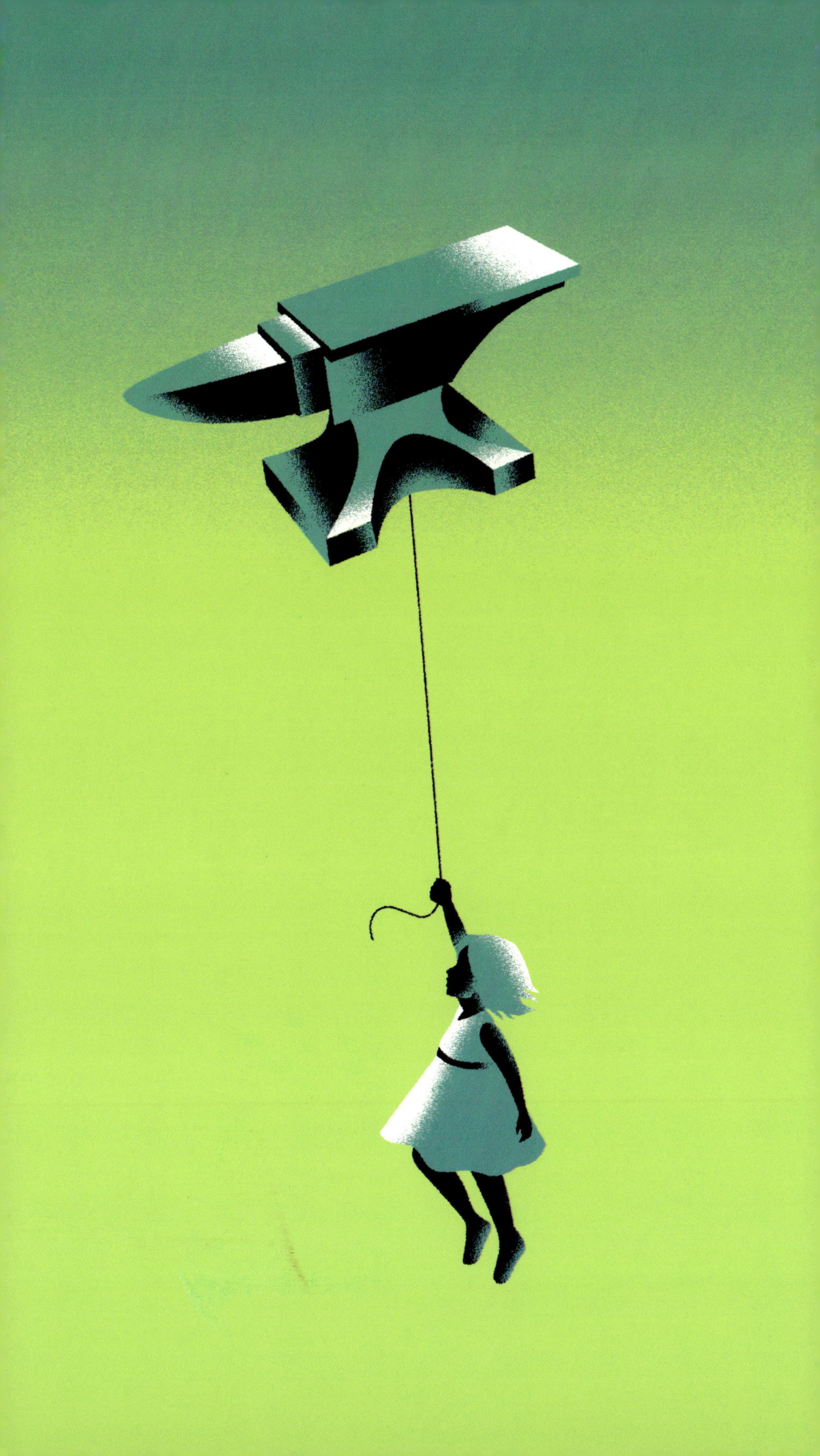

POSSIBILIDADES

Tinha formidável confiança
Fé de peregrino
Todo futuro era possível
Em suas urgentes necessidades.

Jamais se recolhera no claustro
Nem mergulhara na burocracia
Toda mudança era possível
Fora dos concretos das cidades.

Como todo cidadão tem seu tempo
O mesmo tempo dará sua lápide
Antes, porém, tudo era possível
Se engajado nas realidades.

A inquietação é irmã da confiança
Como a fé de um menino
Que acredita que tudo é possível
Mesmo sob injustiças e desigualdades.

ÂNSIAS PERMANENTES

Enquanto tudo passa
e tudo é instável
os nomes mudam
os fatos mudam
os absurdos permanecem os mesmos.

Rápidas pinceladas
na tentativa de mudar;
...e a marca do tempo
desbota os imediatistas
rebela-se contra os mesquinhos.

Os absurdos permanecem os mesmos
provocando infinitas ânsias
...para buscarem saídas.
Discutirem mazelas
que nos conduzem.

E também a angústia
pelo que se via
...e pelo que se vê.
Sempre tentando mudar
lutando contra a marca do tempo.

EVOLUÇÃO

a s d f g
a s d f g
a s d f g
a s d f g

☹ ☺ 😉 😵

O VELÓRIO

Viveu muito
acima da média. Observou
que no seu próprio velório
ganhou menos flores em vida
que o pior dos homens.

O PESSIMISTA

O pessimista não tem
como prever o futuro: já conta
antecipadamente
com o insucesso,
principalmente o alheio.

RACISMO EM LISARB

Logo na entrada
um quilombo
com vinte quilombolas
jogando bola.

Na saída
duzentos quilombolas
sem quilombo
sem bola.

VILETÁ

Muitos,
sucumbem em campo de batalha.
Outros,
são assassinados em revoluções.
Outros,
desaparecem em golpes de Estado.
Alguns,
em suas casas, na placidez do leito.
Certos,
morrem pronunciando frases patrióticas
Ele,
sentado na privada da prisão, longe da pose marcial.

HAVIA PEDRAS

Tão fatigadas
suas retinas não mais viam
nenhuma pedra
no meio do caminho.

Havia pedras outrora
soltas, saltitantes ao serem pisadas
nos barrancos, nas valas
em todos os caminhos.

Os olhos cansaram
não mais contam as pedras
como antes
como seres nos caminhos.

A subversão mineradora
incapacitou os olhares atentos.
Os caminhos não são mais como antes
estão privados também de pedras saltitantes.

CRIANÇAS DAS FRONTEIRAS

Seus corpos miúdos
Suas vozes frágeis
Sugerem idades poucas
Sem forças nem para ficarem roucas.

Nem a brutalidade a elas imposta
Faz alterar os graves de seus timbres
Pequenas gargantas, sensíveis,
Desaventurados, auras invisíveis.

Cruzam fronteiras proibidas
Porque seus pais cruzam as fronteiras
As levam por existirem para suas sobrevivências
Vão longe, apegadas, junto das persistências.

Nem a sina dos intolerantes
Dos governantes narcisistas
Mesmo sob extremos brutais e suas dissonâncias
Fazem agitar suas infâncias.

O MUSEU DE LISARB

Luto na saúde
Luto na educação
Luto na memória
Luto na história.

Luto na esquina
Luto da menina
Do quilombola
Luto na escola.

Luto de um país
Luto da raiz
Luto da resiliência
Luto da sobrevivência.

Luto da dignidade
Luto na cidade
Luto nos museus
Lutos que não são obras de Deus.

LUZIA

Luzia:
corpo heroico
retumbante
fossilizada.

Úmeros perdidos
palatos esquecidos
fase heroica
localizada.

Naquele país
das cinzas submergiu
ao museu foi levada...
visitada.

Milhões de anos
na natureza protegida
no subsolo —
Pelo estado, vaporizada.

HISTÓRIAS PERDIDAS

As histórias incineradas
são, senão
o fim dos homens em seus tempos.

IMPULSO

Louvável a fé
como impulso para se reerguer as estruturas aniquiladas
pelo fogo
em se tratando de objetos da história
infungíveis.

LONGÍNQUOS

Melhor se amarem
do que
odiarem

separados
se
juntos.

XAVIER, O ORADOR

Voz incomparável
Eloquente em demasia
Mestre da oratória
Nascido em berço privilegiado.

Sedutor invejável
Linguajar perfeito
Parasita exímio
Ao morrer, nem foi lembrado.

Faltou-lhe paciência
Em vida, nunca escrevera
Nunca se debruçou à escrita
Apenas à voz era disciplinado.

O JESUÍTA

Trazia gravados
no corpo
as marcas do tempo
cravos nos pés e nas mãos
e uma grande ferida no peito.

Também cravados
no peito
e nas marcas no corpo
os abusos e dolorosas recordações
acumuladas com o tempo.

Desvaneceu-se, um dia, com dor
com os cinco estigmas
pregados em seu tempo
gravados em seu corpo.

MOEDAS

O pai vendeu um dos filhos
por mil réis
para curar o outro gêmeo.

O comprador levou o filho
por mil réis.
O outro restou curado.

O comprador ofereceu
mais um mil réis
para obter o outro gêmeo.

O pai o vendeu
por mil réis
o outro gêmeo.

O pai, agora rico e triste
com dois mil réis
de tristeza faleceu.

DESAPEGO

Tudo o que for doado
com carinho
mesmo no silêncio
exige do outro a natureza do cuidado.

Em nada foi vetado
restou agradecido
pela oportunidade de doar
o que estava guardado.

Oras! No primeiro momento
a exigência de um quase não
o remorso da perda iminente
...e, no segundo, a felicidade dos que estão ao seu lado.

O BARQUINHO DE PAPEL

O barquinho dança
com apenas um toque no seu casco mole
vulnerável às ondulações miseráveis
segue dançando ao seu destino final.

Dança como se estivesse amando
sabe que seu caminho não é em vão
segue vivendo o balanço como se fosse o último
suportando o contorno fluvial.

Observa tudo em volta
ritmado pela melodia que o faz dançar
leme reto — vela torta
Sabe que partiu pretendendo um dia voltar.

Barcos têm almas
uns levam gente — uns, sonhos.
Mesmo de papel
pensam um dia voltar.

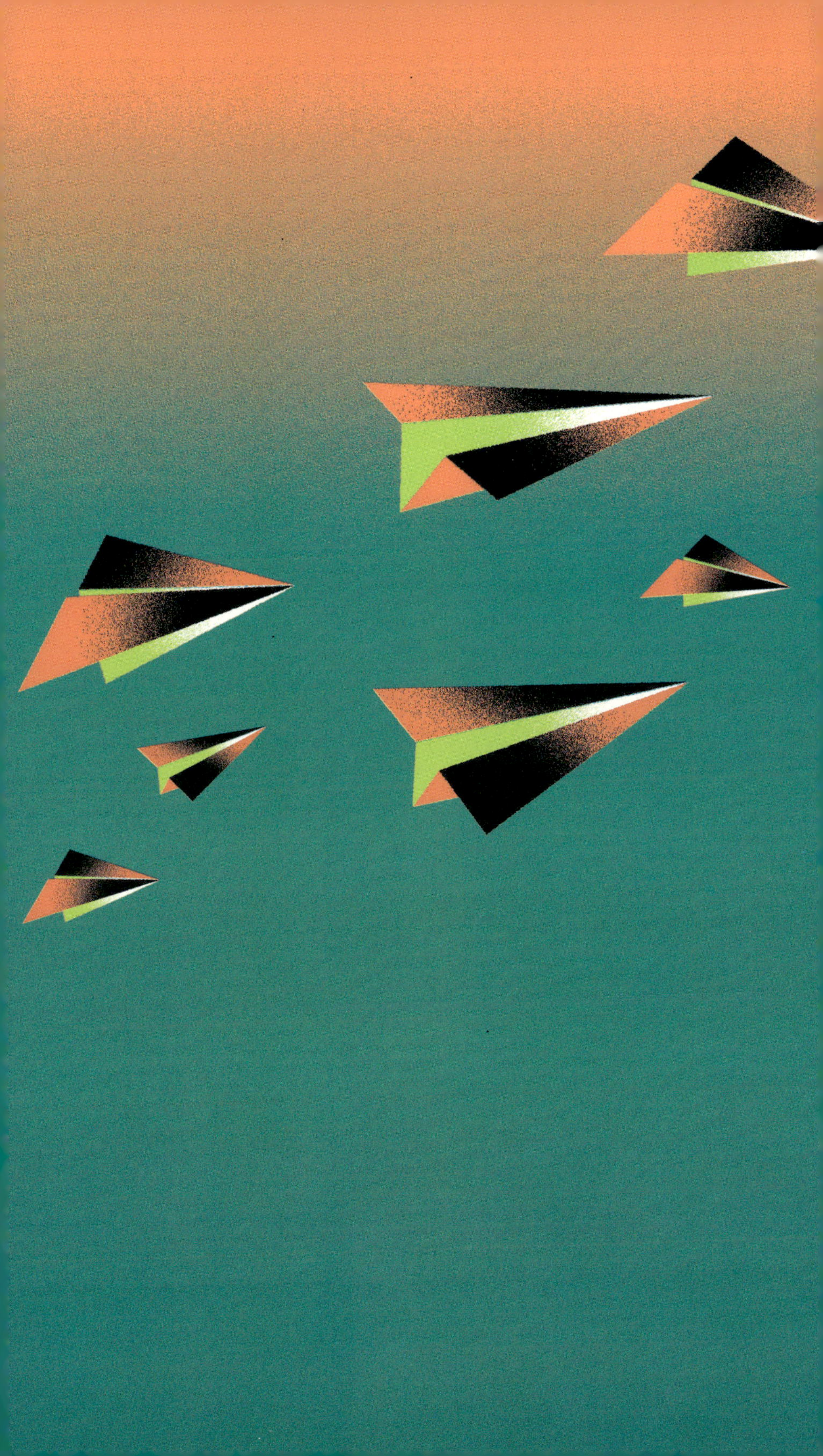

ARDÊNCIA

Fogo!
Chama ardente
onde há lixo
onde há gente.

Arde!
Na pele
nos pelos
repelente.

Derrete!
Em chamas
tropeços de gente
na fuga.

Chama!
Fugaz
pelo gás
incandescente.

O LÓGICO

Para compreender
a lógica política de um país à beira do colapso moral
é preciso revisitar as origens
de seus governantes e aliados.

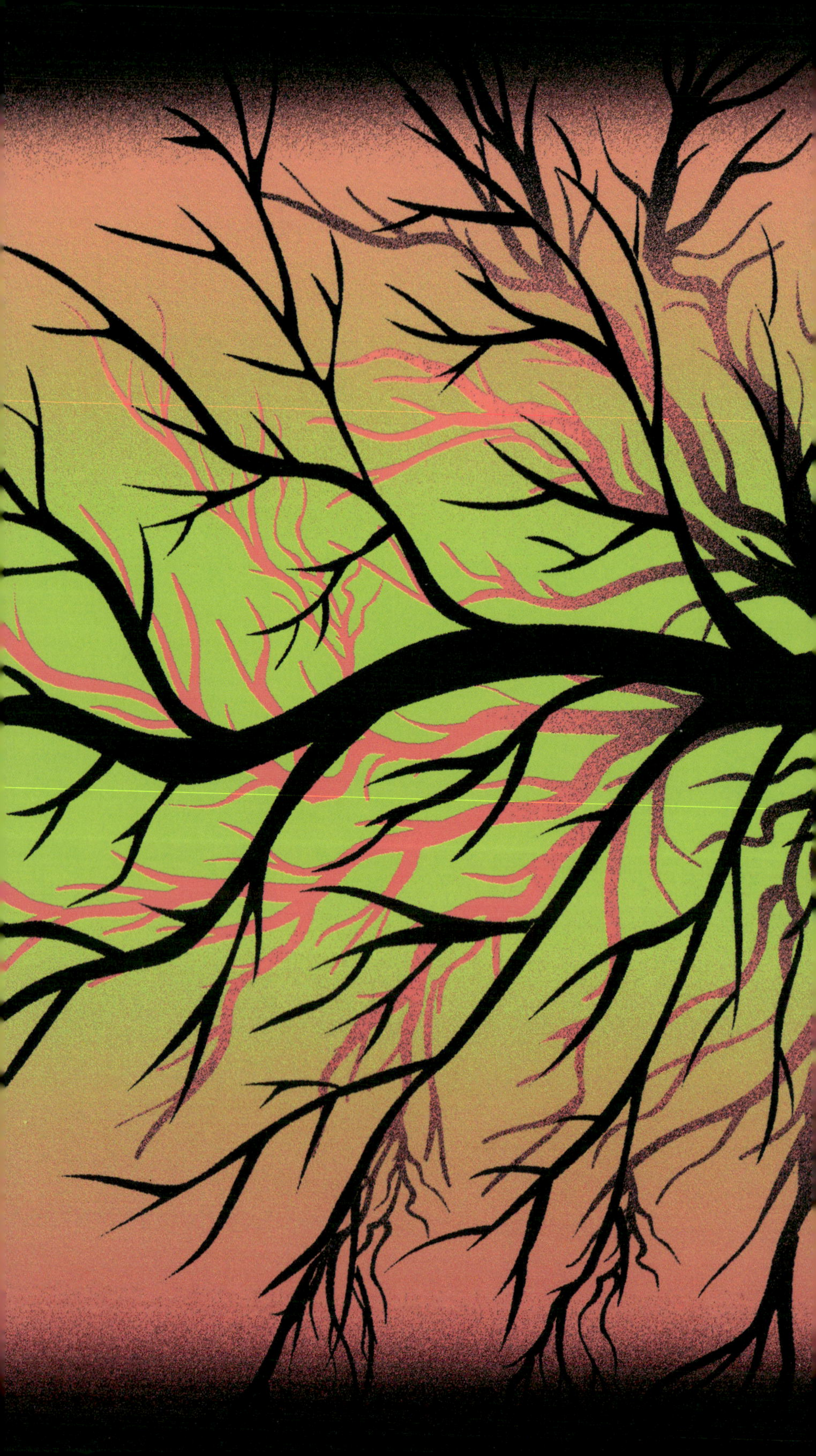

EPIFANIA

Enquanto as embarcações envelhecem
os desmontadores ganham fôlego
a atividade enriquece
o mercado ebule.

Não há interesse em recuperá-las
já estão desgastadas
há outras mais modernas chegando
mais eficazes em seus tempos.

Mas ainda encarnam suas velhas forças
balançam agrupadas nas ondulações
em trajetórias com desconfiança
comandadas por desconfiados e ingratos.

Outros nem pensam em aposentá-las
com as honrarias devidas:
querem desmontá-las ao mercado
ou afundá-las como poluentes.

INATINGÍVEIS

Todas as
ideias
são
à prova de balas.

A OBRA

Outra obra causou alvoroço
entre os pessimistas do local
aliás, são estes maioria absoluta
e tomaram conta do agora lugarejo.

A obra fornecia, já no início
ínfima munição aos bárbaros
advertia, no ato seguinte
o extermínio dos hipócritas.

Era a ascensão dos verdadeiros
e mudaria o curso das conversas
não haveria mais dúvidas
enquanto aqueles sumiriam.

Era o justo
fazer da obra um império moral
num lugar impróprio à evolução...
mas tinha que ser lia pela minoria.

O MENSAGEIRO

O alerta não partiu das autoridades.
O combate ao fogo
a onda gigante devastadora
estavam concentrados em focos dominados.

Foi o vento!
O barulho do vento!
A um só tempo mensageiro
que trouxe as chamas devoradoras.

O mar, inquieto, algoz
não foi capaz de intimidá-las
apenas assistiu ao albatroz em fuga
porém, já cercado pela ventania quente.

As pessoas que buscavam a salvação
encontraram a morte.
Os sobreviventes do momento
correram ao mar como último refúgio.

O mar os devolveu ao fogo
empurrados pelas ondas enormes desfocadas
sem qualquer alerta anterior...
o mensageiro venceu!

UM NOVO ALERTA PARA RHINO

Mesmo com a morte de Sudan
(lá no norte)
Rhino não se curvou à dor.

Serviu a passos largos
à sobrevivência da sua espécie
sabendo que Najin sobrevivera.

Filha de Sudan
(o último rinoceronte branco do norte macho)
Najin isolou-se, precocemente.

Mesmo ainda viva
o decreto da extinção foi anunciado.
restando, ao pequeno Rhino, mais um alerta.

DESOLAÇÃO

A rosa, desolada,
não produziu mais néctar
não namorou mais o beija-flor
não avistou mais os botões descendentes.

O que será
das pétalas
sem o perfume que, outrora
atraiu, com um beijo, o colibri.

O pequeno voador...
não mais pairou à sua frente
nem mais a polinizou
por conta de sua desolação.

O ódio crescente do homem
atingiu-a em cheio
deixou-a estéril
de medo, de desolação.

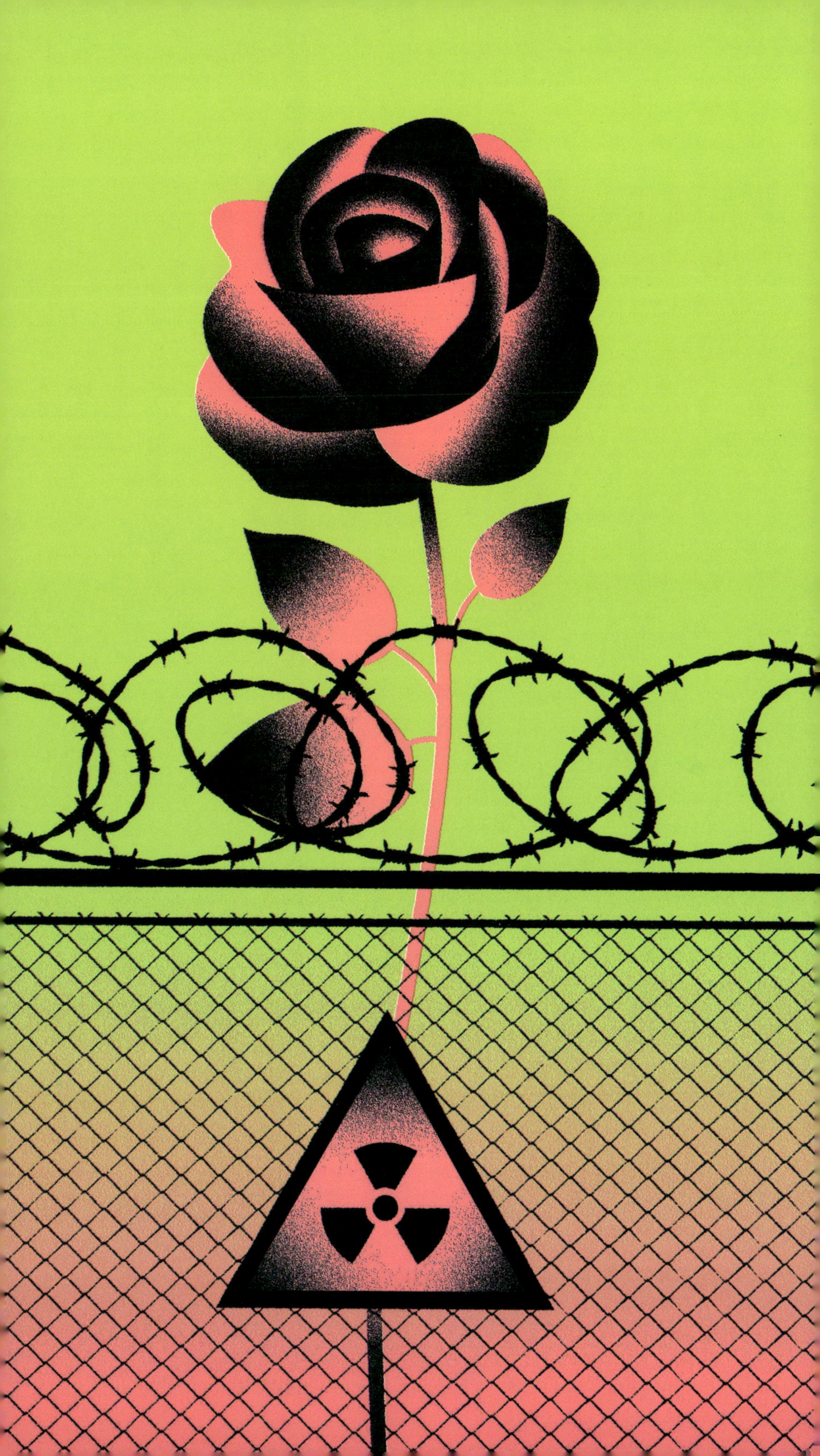

ECOS

Quanto mais desenvolvidas são as raízes
mais estas dizimam as outras espécies
para tratarem de certos habitantes e seus egos.

Procuram, nos vulneráveis,
o elixir para a cura de suas vidas...
Até enxergarem aqueles, sem pudor.

Não há genética que salve...
traços de comportamento
e nem ciclos exterminados.

O que o homem abomina
com práticas destrutivas
a ciência do mesmo homem tenta recriá-la... em vão.

A AVE ANELADA

Perdi-os de vista!
A todos!
Aos que me trouxeram
O meu afago.

Confesso que a caixa de papelão
estava bem embalada.
Sim, viajei vibrando
sem me machucarem.

Havia um número brilhante
em uma das minhas penas.
Gravado num anel
Que me oficializava como legalizada.

Ouvi que eu corria riscos
de extinção, de dor
de não suportar a saudade
de meu lugar.

MARIA FOI PARA O CÉU

Maria foi para o céu
foi bem
viver sua plenitude
foi para o céu.

— Por que não deveria ir?
Uma *beagle* de nove anos
também tem alma.

E que alma!
Merecia ir para o céu.

Aliás, todos os animais, quando nos deixam
merecem um lugar no céu.

Suas almas alimentam as dos humanos
sem pedir nada em troca
apenas carinho e respeito — como os humanos exigem.

O TRÂNSITO EM JULGADO

Acabara de receber
mais uma ótima notícia
dentre outras muito dolorosas
uma ótima notícia.

O martelo lascou a mesa rígida
fora certificado pelo escrevente o final do prazo...
para o último recurso protelatório
destinado à última Corte.

Nove longos anos...
persistindo e lutando
perseguindo o direito do injustiçado
por uma decisão terminativa.
Enfim, caso encerrado.

...e veio a instância original
afinal amontoado de papel já amassado
que só o vitorioso entenderá
o que é uma ótima notícia.

Tudo foi questão de tempo
os prazos brincaram com paciências
tornaram-no com angústias
o tempo transitou bem
desmerecer o agora justiçado.

FISIOLOGIA

Em Lisarb
os políticos são necessários
os gestores, nem tanto.

ECOS E JORNALECOS

As eleições gerais
em Lisarb, em plena putrefação
diagnosticaram um óbvio antes oculto
de certos propagadores de opiniões.

Sem razões
as suas parcialidades não se contiveram
...e, na iminência de se verem derrotados,
assaram a vomitar nos seus meios de comunicação.

Um chegou a atirar que, se um certo fosse eleito
"Não se sabe o que pretende nem o que fará"
crendo que o leitor assinante seguia seu espírito
de hipocrisias e alucinações.

O sistema, por certo corrupto, atingiu-o em cheio
ideologicamente,
e certos jornalecos desesperados
trocaram o jornalismo
pelo apoio às politizadas facções.

Outro jornaleco fabricado, já podre, daquela cidade
somente porque tinha razoável número de leitores
arrotava matérias certeiras
crendo que, da moralidade, eram guardiões.

Já se sabe o fim de quem conspira.

(DES) UNIDOS

Nação é ilusória
uma ilusão coletiva
cada um dos seus membros
não conhece uns aos outros no todo.

Não se trata de uma mentira
é ilusão
são estranhos vivendo em comunidade —
um simulacro de uma aldeia.

Deve-se imaginar milhões
com interesses comuns
pensando que bem entenderem
num reservatório comum.

Sangues diferentes nas veias
imaginemos incorreções nas mentes
vivendo suas ilusões particulares
com interesses pertinentes.

Pensar diferente é passatempo.

EVIDÊNCIAS

O encontro com um esqueleto
de um cervo europeu
morto há cento e vinte mil anos
traz evidências.

Uma estocada o feriu
antes que caísse no chão
sangrando fraturado
tudo porque foi de encontro à lança.

Seus ossos detalharam tudo
uma perfuração na pélvis
feita por um neandertal
o único hominídeo à época.

O cervo foi recém-encontrado
ao menos seus ossos — fossilizados
muito preservados pelo tempo perito
diferentemente daquele neandertal:

Está desaparecido há cento e vinte mil anos
com medo de certos julgadores.

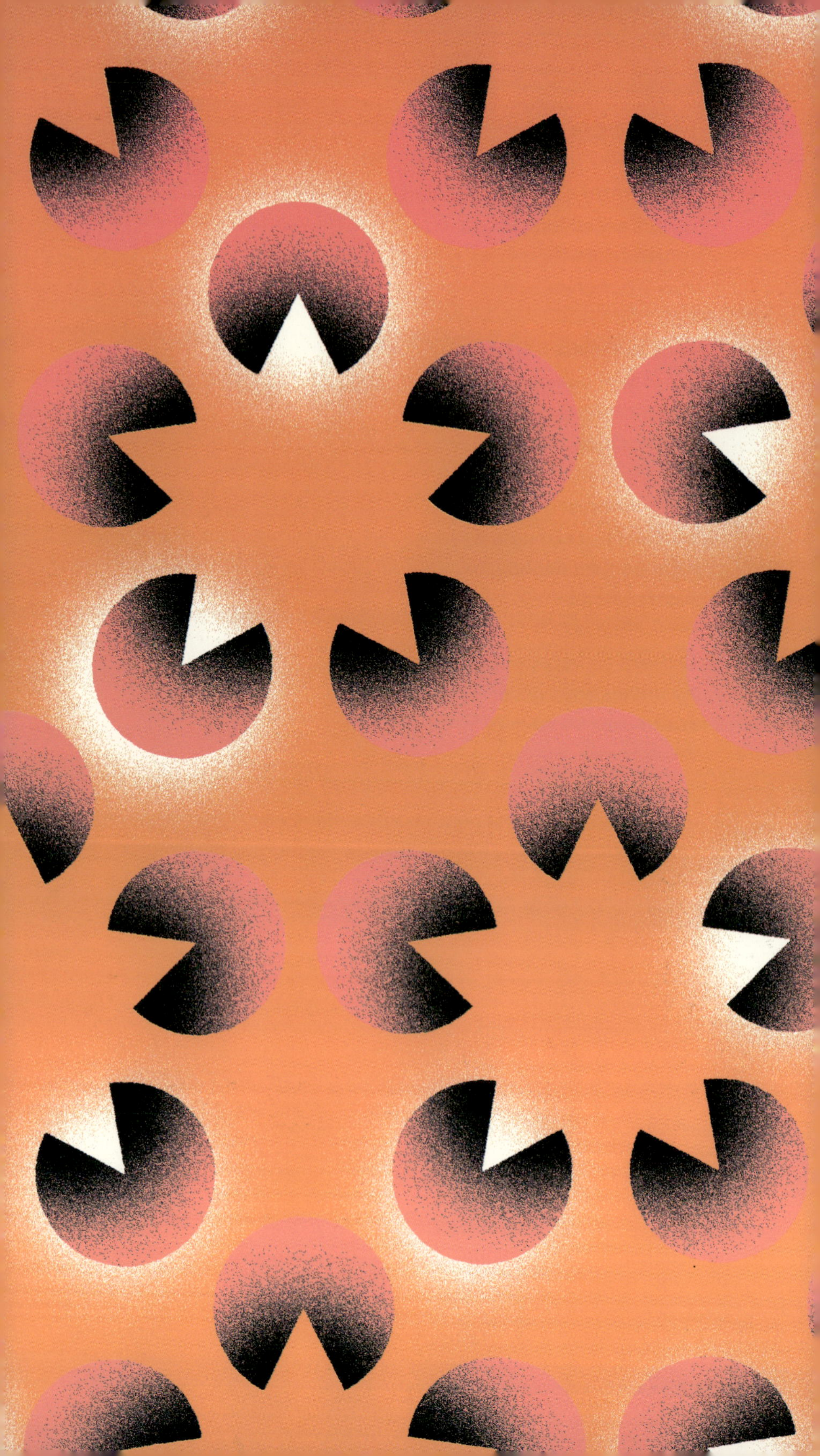

INSONES

Os insones
ou mais sortudos
sempre descobrem ou
produzem maravilhas.

A última, de conhecimento
é que não só as estrelas e a lua
brilham uníssonas
sendo as únicas rainhas do céu.

Agora as nuvens passaram a brilhar também
por culpa do metano
mas só os insones perceberam
e foi num verão.

E que verão!
O sol desponta poderoso
ilumina os cristais formados em volta dos grãos de pó!
Congelados, brilhavam.

Raro acontecer
lá em cima é frio e seco
sem água por lá...
fenômeno para sonâmbulos sorrindo.

ILÓGICO

Há muito sal em doces
e muito açúcar em salgados.

HAICAI IV

Sal rosa ou branco
cloretos iguais
nada demais.

SEGUINDO EM FRENTE

Humanizando cada recanto
andando cada vez mais
misturando as muitas lembranças
que jamais ficarão para trás.

MORROS

Descarrilado
morro abaixo
desesperado.

Mas o vento
ao encontro da face
é morno
face o suor gelado.

Mas sempre é confortável
revidar os paralelepípedos
mesmo assustado
pois sempre haverá outros topos.

PORCOS

Levanta teu copo de cristal
e, após,
detona teu semelhante
nas redes sociais.

Larga aquele sorrisinho forçado
antes de
apertar-lhes as mãos
de costas.

Digere o destilado num só gole
e, agora,
comemora tua sensação
com intensas gargalhadas.

Cola teus cacos
com cuspe
junto dos outros porcos que te esperam
na tua sala.

QUEIMADAS

E todo inverno a mesma coisa:
os raios de sol refletem
nos cristais de quartzo.

Encontram as gramíneas
mortas — já secas — superficiais
e o fogo toma conta.

Mas o fogo é do bem:
despertar as sementes das gramíneas
que brotam quando chega a chuva.

O fogo não consegue matar tudo:
a vegetação tem raiz profunda
e as sementes que germinam na sua ausência.

...isso, até a chegada do homem, que
expandiu a monocultura no cerrado
e criou o fogo do mal.

EM EVIDÊNCIA

A formação ou surgimento
de um grande nome deve-se ao fato de que
por muitas vezes antes
foi o mesmo recusado ou renegado.

AMAL

Do outro lado do mundo
Amal partiu.

Era esperança
e não pôde esperar.

Esperou muito.
Pobre, Amal!

Partiu de fome
pura fome.

Amal é esperança
em outras línguas.

A esperança não é a que
morre por último?

ESPAÇO

O objeto emana
Brilho descomunal
E se move.

Move-se rápido
Assusta o piloto
Que visa à torre.

Os radares não o percebem
Pode ser uma sonda
Ou uma nave.

O piloto inventa outra
Delira calado
As estrelas só o assistem.

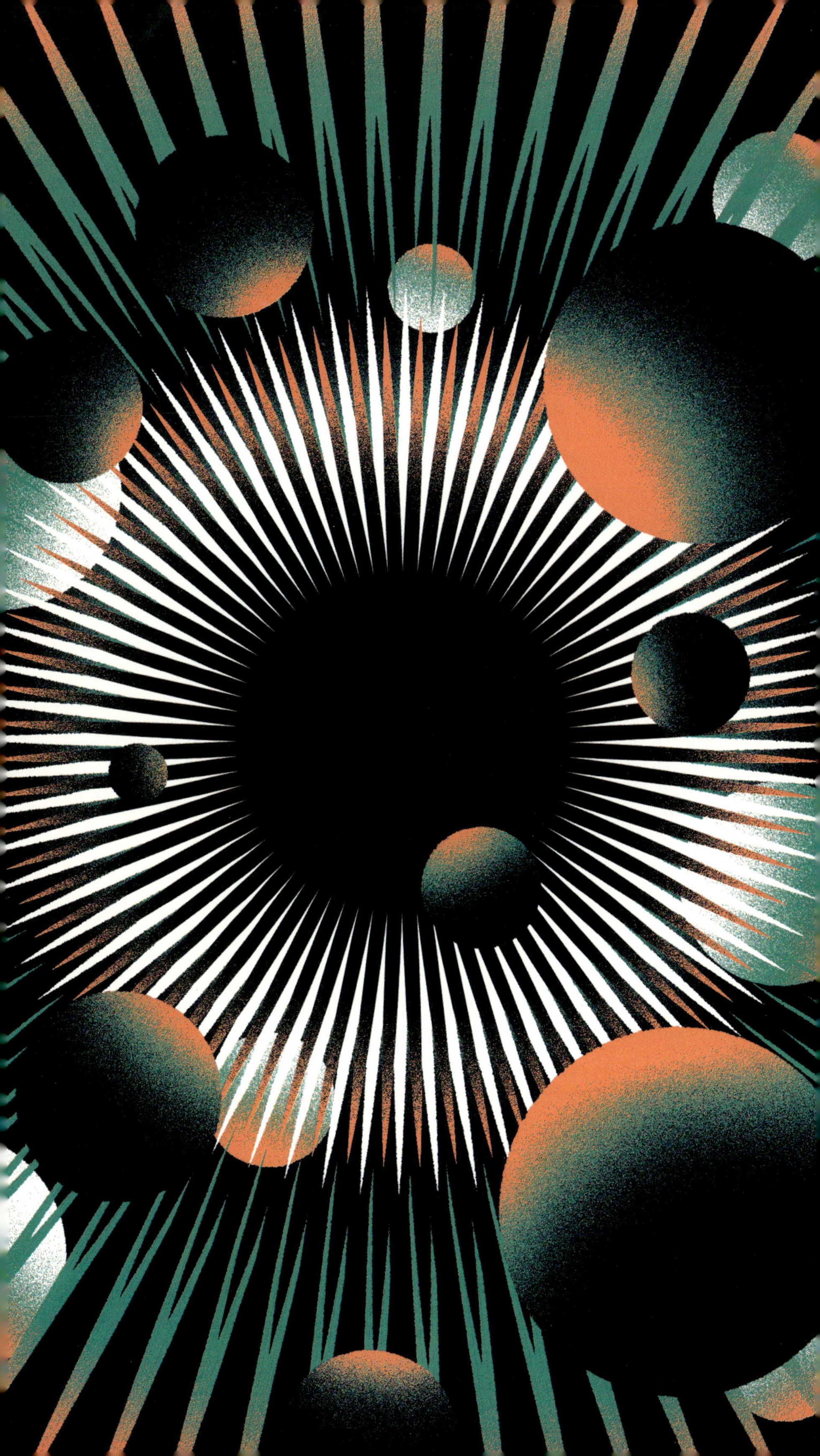

SEM MAIS

Não bastasse
um lábio morto
sem mais agora
envolver-te de desejos.

Deixou-te
em silêncio absoluto
entre as músicas vazias
e o adeus.

CACOS DA CORTE

Entre os egos
obstruções, prescrições e arquivamentos —
julgam agora
seus próprios aumentos
e colhem desconfianças.

Cacos ao chão
da Corte
do país chamado Lisarb.
Unem-se com a moral perdida.

LAR DOCE LAR

Prisão domiciliar
recanto dos podres
réus felizes.

Local mais seguro
o lar — domiciliar
vida com janela lateral.

O pobre não tem lar
apenas habita
O rico tem clausura domiciliar.

Condenados residem
corruptos domesticados
O pobre aprisiona-se na rua.

É no lar que recebem visitas
até dos que os condenaram
abertas, pois é lar.

PEQUENO, INFELIZ E PARCIAL

Arrota o parcial jornal
se dizendo opinoso
se autodenominando imprensa.

Infeliz — desprezível
regurgita, semanalmente
o rancor dos seus...

...colaboradores!
Pobres escrotos
de suas barrigas vazias.

Suas almas, então...
nem se comenta:
vivem amedrontadas!

Anúncios na capa
no meio — nos rodapés
são o que os sustentam.

Nada mais!
um elogio ao bem...
nem penso no parcial jornal.

OCUPADOS

Por mais longe
que estejam de todos...
alguns homens conseguem
ser prejudiciais
a si próprios.

Vivem ocupados, mesmo no ócio
fugindo de si
oscilando — separando tesouros,
buscando a todos,
classificando rebanhos.

Até no barbeiro
falam de cada fio de cabelo
nascido na noite anterior
contando que o profissional —
acredite serem inteligentes.

São os mesmos homens
que preferem a desordem alheia
à falência social,
a saúde precária do parente
a ver o seu cabelo desarrumado.

HIATO

Entre ultrapassar os pequenos obstáculos
da fraqueza humana
pela grandeza da alma...
há um enorme hiato

a ser percorrido.

REELEIÇÃO

Pobres cidades
interioranas.

Como a que vivo e morrerei
de oito em oito anos.

O poder destrói o que se construiu
nos últimos oito anos.

VAPORIZAÇÃO

A casa da pessoa
cujo nome
deu nome à rua
não existe mais.

Foi demolida
por outra pessoa
cujo nome
deu nome
à nova edificação.

Agora, o novo prédio
é o mais vistoso
da rua
cujo nome (da rua)
é assegurado por uma placa já enferrujada.

ILUSÃO

A distância e o tempo
só serviram para
sufocar.

Ao menos
este era o pensamento
do pudico.

Ele respeitava o silêncio
da sua amada distante
esperando encontrá-la um dia.

— Que dia seria esse?
A distância e o tempo
sufocavam o ingênuo amante.

Ele sabia que ela
o amava mais ainda —
ao menos era o seu pensamento.

SEGURO

Atrás de todo
segredo também
pode haver
grandes mentiras.

ÁFRICA

Um olhar fixo,
ou melhor,
muitos olhares fixos
em mim.

Por mais que a visito
é como se falasse
ao visitante:
— Chegou à salvação!

RATOS E PORCOS

Continuava cavando na trégua
mesmo no pós-guerra
com seu queixo gordo
mal abotoava o primeiro botão.

A gravata manchada de batom
avisava a sua chegada do chiqueiro
vinha dando risadas
típicas dos porcos de guerra.

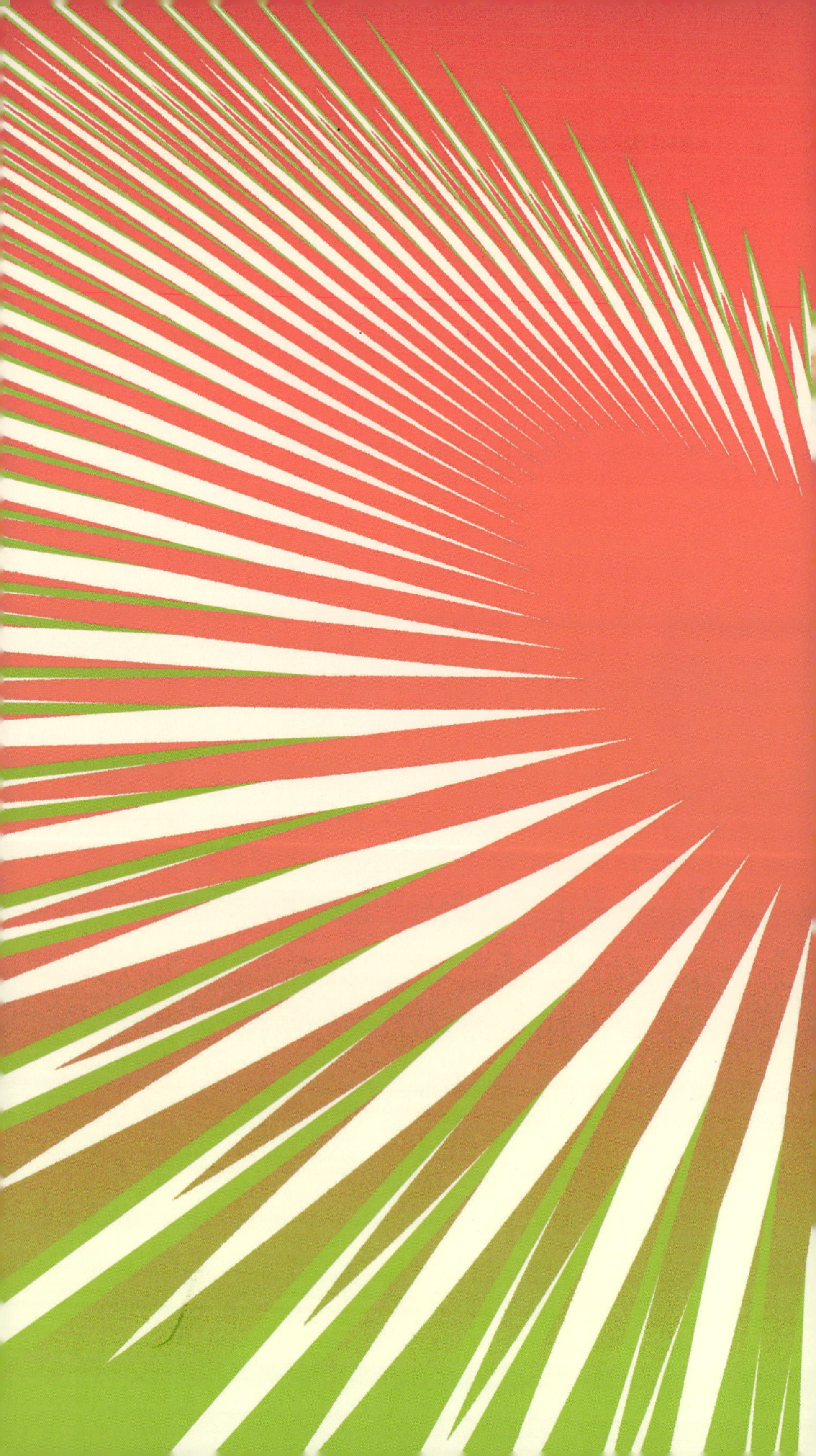

UNO

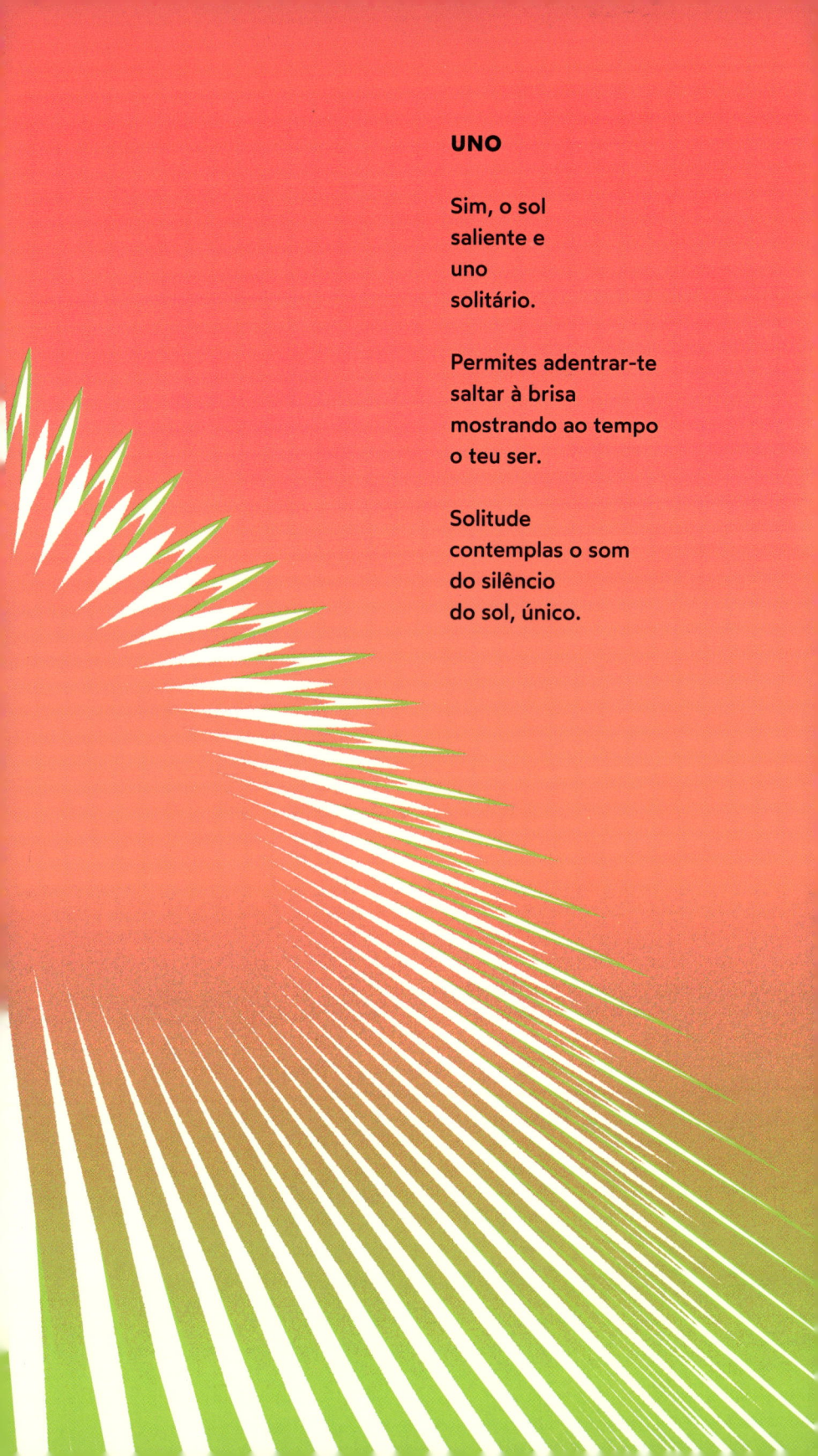

Sim, o sol
saliente e
uno
solitário.

Permites adentrar-te
saltar à brisa
mostrando ao tempo
o teu ser.

Solitude
contemplas o som
do silêncio
do sol, único.

FINITO

Acalma-te, dragão!
As vísceras por ti engolidas
não são capazes
de perpetuar
tua vida.

TEMOR

Temes as violetas
pois, arraigadas em terra preta,
brotam mais
que teu ódio.

Melhor apaziguar-te
engole teu próprio fogo
como se estivesses
no último jardim do mundo.

AMIZADE

Toda amizade
é vulnerável.

Quanto maior a
convivência
mais aumenta
a impaciência.

As amizades
mais duradouras são as
movidas pela
distância.

O tempo
da não convivência
fortalece
o amor.

INSÍGNIAS

O significado
de insignificâncias
geralmente é debatido
por insignificantes.

Eles arrotam o vazio
escrotos dos próprios pensamentos
e os lançam, sob ódio
aos que ainda têm significado.

Mas não significa isto
que a língua escrota é a dominante
e as insignificâncias se multiplicam
pela atenção dos tolos.

PROJETOS

Em vida
muitos edificam seus enormes mausoléus
sem economizar um tostão.

Tenho que ninguém percebe
a iminência da morte, pois senão
não projetariam suas obras a longo prazo.

Organizam coisas além da vida
como rezar sem fé, diariamente, pela própria alma
sem ter morrido.

DESEJADO

O ócio sempre será desejado
nunca obtido.

A VOZ DO PASSADO II

Todos os anos que se passaram
contando com os dos ascendentes
são somados aos que sabem viver bem.

E os conduzem à eternidade
pois tiveram incorporada a si
a voz do passado.

Foram pelos esforços daqueles
que chegamos aonde chegamos
longa vida
restando-nos colher.

Ao contrário, são os ingratos
os que não computaram a soma do tempo passado
do tempo que se foi com o seu tempo.

QUARTA-FEIRA

Na quarta-feira
anunciaram às pessoas sem documentos
que fossem mantidas juntas
evitando a separação de pais e filhos.

Juntas, porém, na detenção
em cubículos que não as suportavam
diante do volume migratório exacerbado
do decreto surpresa.

Sem documentos
não podiam comprovar quem era filho de quem.
Então, foram separados
os filhos dos pais, os pais dos filhos.

Viu-se a vigilância migratória de gente
como moeda forte de troca
para negociarem com adversos políticos
diante de um muro invisível erguido nos porcos.

MAIS LAMA

É a lama; é a lama!
É a vermelha ferrosa
que vem de minas
que sepultou Mariana
sepultou ossos em Brumadinho.

É a lama; é a lama!
É a preta do sul
que vem das minas
que sepultou muita gente urussanguense
e o Rio Urussanga.

Tanta lama, salgada,
escorrendo dos olhos das vítimas
como lágrimas sem rugas para escoarem
sem mais seios costofrênicos.

Tanta lama, verde,
nos bolsos das mineradoras
cujos donos não residem jamais
nas áreas mineradas por medo e desprezo

BRUMADINHO

O mapa mostra o que já é devastação.
O caçula *Brumado Velho* se debate
Enfrenta o poderio para pedir socorro.

O que não fora área em risco
(pelos especialistas)
Passou a fato consumado.

Rejeitos assassinos anunciados
Brumadinho chora lama
Junto de Mariana.

As Gerais estão mais desnutridas
Diante de Decretos obsoletos
De governantes sem almas.

Mas Brumados continuavam verdes
(de esperança)
Apesar das manchas de sangue, agora eternas

SERTÕES · A cada sopro do vento · Que quase nunca cessa · As dunas despejam areia · Sufocando lentamente o pequeno rio. · Chama a atenção · Mesmo assim, com tanta areia

A única fonte de água do trecho • De um deserto do Semiárido. • O rio insiste em viver • Mesmo num ponto isolado • De tristeza e miséria, • De abandono e descaso. • Porém, o rio continua • Desenhando as curvas e margens: • Sertões onde só a nossa gente — ...se encontra.

ORAÇÃO AO TEMPO

Tudo tem seu tempo a ser cumprido.
O tempo para a reconciliação
Pois já aparecem sinais da depressão.

O tempo para obedecer a um pedido
De um pai ou patrão
Senão perde-se a confiança e a razão.

O tempo para buscar os filhos quando nos deixam
Para dar sinais de vida à paixão
Senão, dar-se-á início à desunião.

Tudo a ser cumprido nos prazos
Inclusive, os em forma de gratidão
E os em forma de resolução.

Tudo tem seu tempo a ser cumprido.
Menos o já afetado pela doença ou alucinação
E o que a vida nos surpreende sem explicação.

AUTOVELÓRIO

Diferentemente de qualquer anfitrião
Giuseppe estava calado na sua própria festa.
Mais calado do que de costume
Em clima de adeus.

O todo-poderoso estava abatido
Entre dezenas de convidados à fartura.
Tinha um motivo:
A despedida de sua liberdade.

Seu último recurso foi desprovido
Pela mesma Corte que o condenara, por maioria simples.
Após embriagados, os convidados ergueram taças de vinhos caros ao réu
Os mesmos que o brindaram quando obtiveram o poder.

Todos perceberam, somente após a orgia da corrupção
Que Zé estava diferente:
É como se estivesse indo ao seu próprio velório
Com todas as suas riquezas, mas sem o povo ao seu lado.

TEMPUS FUGIT

O tempo cura
O que o amor destrói.

Não bastasse, ele mesmo — o tempo
Ajuda-nos também a esquecer a saudade...

Embora toda a saudade
Se relacionar ao tempo.

Não há saudade
sem o tempo.

Não se tem saudade
se não se ama.

E o que o amor destrói
o tempo se encarrega de curar.

E nós
continuamos a falar mal do tempo
e bem do amor.

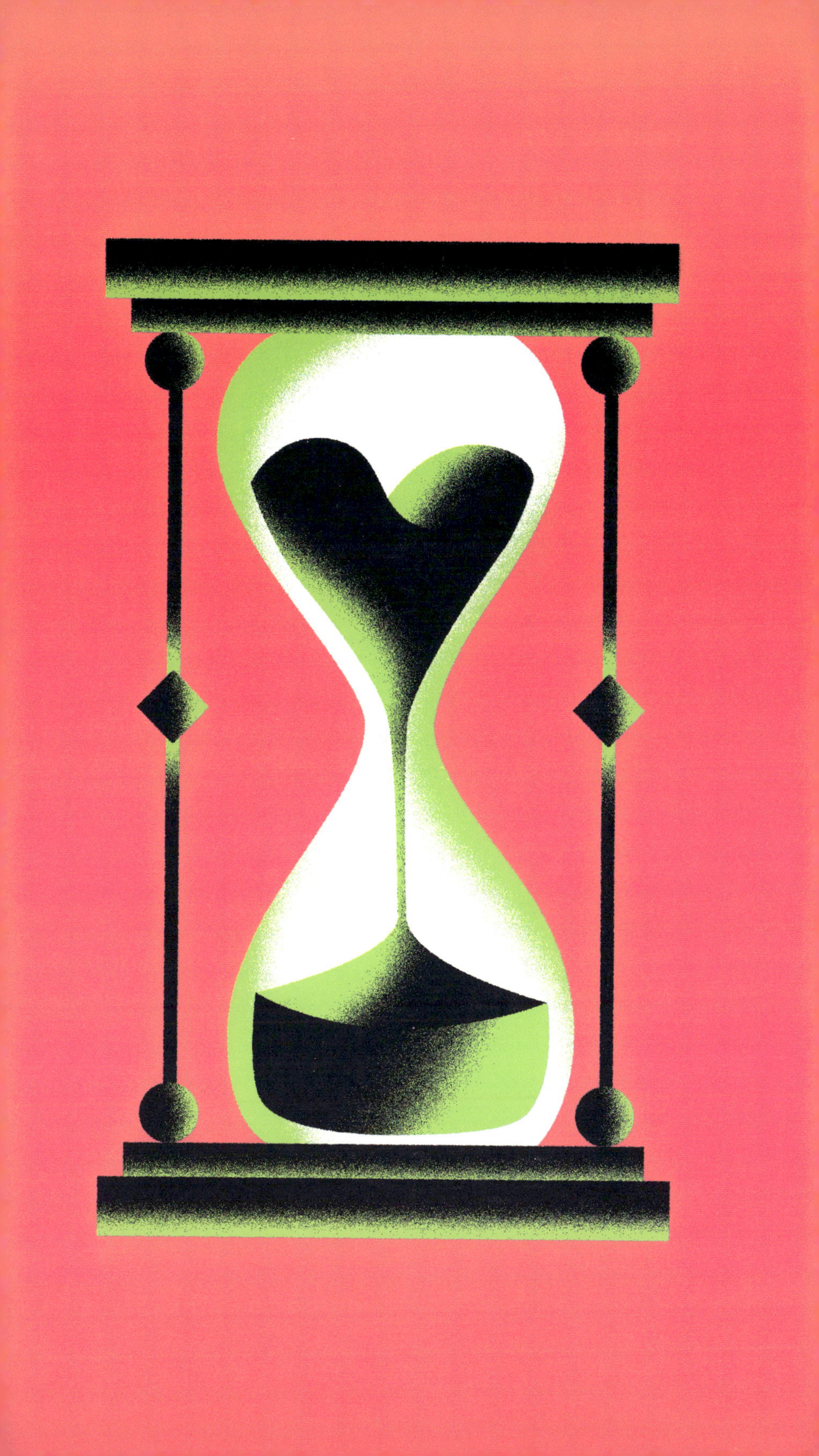

ESPUMA SECA

O rapaz anda pela cidadezinha
para investigar como se deu
a morte de sua terra natal.

Ao fundo dos seus olhos
moradores sempre fazendo o mesmo
como se a vida fosse um círculo.

E vai do presente para o passado
sem que nada sinalizasse a mudança
da pobre cidadezinha.

Está morta: o seu povo a matou!
Pela arrogância, pela desunião
fazendo tudo virar espuma seca.

O ouro negro a consumiu do mapa
uma nova joia que surgira se perdeu nas taças de espumantes
restando apenas a figueira central para contar a história.

ORDENAMENTO DO CAOS

Passado, passado
Mesmo ultrapassado
Este nunca vai embora.

O futuro
Onde mora a esperança
Nunca chega por inteiro.

O presente
Não passa de um território
De negociação — ou atrito — entre os povos.

É o movimento da história
Talvez demarcado individualmente —
Por batalhas íntimas e pessoais.

São categorias arbitrárias
Pelas quais tentamos ordenar o caos
Causado pela existência humana.

HIATO II

A idade como o espaço
Passa um, chega outro ano
Um hiato de espera
Que não regressa.

As estrelas só aumentam
Seus números, seus espectros
Num céu exprimido de almas
Em um dia azul e noutro cinza.

O tempo impuro de toques
Sem respostas — envelhece
Sem esperas — interstício
Que não regressa.

As palavras têm idades
E quando não ditas
Dormem sem resposta
E num hiato vão embora sem raízes.

LEVA DE MELANCOLIA

Como o amor varia!
Há uma leva de corações
Todos decadentes
Nos centros das cidades.

É como se caminhasse
Em meio às ruas sujas
Amontoadas de prédios mofados
Sem ao menos ver o sol bater nas janelas.

O centro destemperou os amantes
Os bancos apodreceram sem reparos
A igreja está fechada para os fiéis
O padre não é mais amigo como outrora.

A vida pulsa intermitentemente
E a jornada continua
Atrás dos amores aprisionados
Que estão morrendo nas beiradas.

Há segredos escondidos ainda
No centro sujo decadente
Há melancolia espalhada
Nas calçadas esburacadas da cidade.

CINDERELA

Minha cachorra está ficando velha
após doze anos comigo
sinto seu latido embargado
e já observo pelos brancos na face.

E eu
creio que, para ela
não envelheço nunca
não deixo de ser seu herói.

Mas ela nunca ergueu...
...uma pata contra mim
nem levantou seu latido contra mim
Envelheceu — sempre feliz para mim.

O tempo chegou para ela
observo isto
observo tudo agora
inclusive o peso da idade sobre ela.

O mundo já passa sem pena e sem piedade
seus olhos estão entornados
tudo tinha, para ela, um valor específico
mas continua abanando o rabo para mim.

SOLO

Observas:
Aqui a magia nasce
Para ser entregue a alguém
E, no mesmo solo, evoluir.

Há confiança suficiente
Para ser o traçado
De chão, de pó
De rua, de caminhos.

Como podem castigar tanto
E deixarem o solo morto
Justamente no espaço infértil
Em que serão, um dia, sepultados?

NEVER SAY DIE

Ele chegava, às vezes,
a um ponto tão longe
onde, talvez, desejava,
que fez com que tivesse que repensar o feito.

Tive, sempre, sonhos
...e uma vida confortável
de sucesso pessoal, comigo mesmo
embora distante de tudo impuro.

Também pensava:
Está ficando velho demais
e as crianças vêm surgindo
tirando seus cantos e entornos.

O mínimo conforto o deixava acomodado
Mesmo sendo um sonhador
O mais puro de todos
Dando sinais de vulnerabilidade...

...o que o deixava perdido,
sem iniciativas
sem agressividade para lutar
entretanto, sempre com a alma ainda leve.

CORRUPTO

Aquela imensa mão
Abarrotada de propina
Faz pecar qualquer razão
E as desavenças elimina.

A mão grande faz o pleito
Do que ao indigente é negado
Sobre o pobre não há direito
Nem sequer é comprovado.

CONSOLO

A espera prolongada
A ânsia do aguardo
Tudo isso dói muito
O tempo é dolorido para isso.

O contraste entre o desejo e a desistência
Adormece os que esperam
Mas não os faz desistir
O tempo é o seu aliado nisso.

E passa tão rápido...
Como se ontem fosse hoje
E o hoje ainda aconteceria —
O tempo alia-se a isso.

Toda espera dói
Dói o mesmo tanto da precoce partida
Dói sem aliviar um momento.
O tempo não resolve isso.

DESPERDÍCIO

Tantos implorando para ficar
mesmo sem saberem o que os espera
a um passo, ou no próximo passo
em um instante de vida.

Tantos implorando as suas permanências
com os seus
nesta vida, neste torrão
exportando, quase em delírio, a partida.

Tantas vidas passando sem mensagens
sem lapidar seus traços
suas histórias, seus amores
espantando qualquer ideia negativa.

Tantas vidas desperdiçadas
sem saber a própria essência do viver
juvenis, saudáveis, cheias de tudo...
...enquanto isso, a morte vai pulando de casa em casa.

PARTIDOS

Uma ideologia deplorável reinou em Lisarb.
Depois, veio a adversa também deplorável.
Uma terceira, mais ao centro, também reinara.

O poder tão perseguido tem lados, infelizmente.
Lá, os súditos não conseguem jamais
sair das encruzilhadas.

IMBECILIZAÇÃO

A imbecilização está concluída.
Um processo que durou anos para chegar ao seu ápice.

Nunca, na história do mundo, aconteceu algo parecido.
Só naquele citado país, onde só os reis mandam e desmandam.

Os súditos sempre reclamam
mas nas eleições seguintes empossam os mesmos réus.

SONHADOR

Penso, às vezes, não muitas
como ser um intelectual
dentro de uma universidade
de Terceiro Mundo...

...dados os inúmeros conflitos
de interesses
dos que ejaculam hipocrisia —
da corrupção.

NO CURSO

Abriu-se um novo curso
no curso do ano letivo.
Os alunos já estavam sentados
numa sala de aula virtual.

— Sentados todos? Virtual?
— Não poderia ser "deitados"
ou caminhando...
sobre a sala de aula do curso?

Era para formar amizades verdadeiras
sim, aquelas antigas
definidas por afinidades dos objetivos
da soma dos valores de cada um.

Ou seja: todos amando a mesma coisa
ou... odiando as mesmas coisas
sem culturas superiores
ou religiosos desvirtuados.

Na primeira aula, ainda que virtual
a sacola do dízimo apareceu na sala
a sala de aula dos amigos relutantes
ao mesmo instante em que o curso acabou.

ATADURAS

Qualquer ato que valha a pena
numa sociedade
é interpretado como intencionalmente político
numa certa cidade pequena.

ESTÁTICO

Mais difícil que convencer
os outros
é compreender
as coisas.

PEQUENOS

Seguidas conversas
sobre política
e mídia
sempre descambam
para ataques pessoais.

CARÁTER

O crânio foi tão alvejado de mentiras
ou seja, já se mentiu tanto
ao pequeno menino
que o jeito agora é negar-lhe a verdade:

"Não existe mais verdade!",
esbravejou o seu pai.

O menino sai do alvo, revolto,
e lhe diz:

"Eu nasci. Estou aqui,
não sou uma mentira!
Diga-me se é verdade!".

SILENCIOSO

Decerto
o ciúme de uma pessoa
por seu rival
atualmente
acarreta ínfimos danos...

já que a única maneira
de superá-lo ou ceder a isso
é fazer algo melhor
do que a causa que originou a ciumeira —
pois que não lhe é dado destruí-lo.

MATURIDADE

Cheguei a uma idade
ou a um tempo vivido
que se, agora, eu me desviar de tudo que pensei
ou seja, dos meus temas existenciais reais
a minha filosofia de vida tornar-se-á
puro ornamento.

PERSISTÊNCIA

Lê-se pouco naquele país:
o fascínio da primeira leitura
fica estremecido logo após o prefácio...
...desde que esse não seja longo
 e seja claro!

Claro como a luz do sol
que chega despretensiosa — sempre
abrindo os nossos olhos para lermos
até o que não queremos.

Já se disse:

A primeira leitura é a luta feroz
da paciência contra os escritos
enquanto se conseguir a segunda...
entenderá, sob a luz, outra história em um mesmo livro.

PECULIAR

— Como interferir no amigo?
Optei por não efetuar qualquer alteração
No seu sentido tão peculiar de ser
Pois é a sua marca gráfica.

Em se tratando dele
Civilmente mágico
É o embaixador do reino
Ou melhor, dos seus canários-do-reino.

Homem sábio, sorri sempre
Gaguejando sobre a peculiar timidez
Sem supostas fórmulas
Sem apetrechos apeladores.

Um dia, se lhe perguntarem:
— Qual o seu mistério?
Ao menos uma resposta eu ouviria:
— É a vida! É a vida!

O MENINO II

Cenários ermos e rústicos
intocados pelo progresso da cidadezinha
onde a vida prossegue sem entraves
nos trilhos escavados pela rotina secular.

O trem velho ainda apita
pedindo passagem aos novos tempos
em seus caminhos sem fim — sem estorvos
sem guias — sem exceções.

A este mundo de minha infância
manteve-me fiel às andanças arcaicas
em mergulhos nas fontes sem nomes
cheias de segredos e silêncio.

Um menino como os outros
sempre atrás de temas ou motivos
que me serviram para aguçar a compreensão
daquele universo primitivo.

Novamente, o trem passa e apita
e os olhos do menino mantiveram-se acesos
envolto de cores frescas e mágicas
tentando encontrar o sentido da aventura humana.

GABRIEL

Quando crescer
Quero ser um super-herói
Quero ser grande
Mas com superpoderes.

Papai será o mago
Que me dará poderes
Poderes excepcionais
Para ser um super-herói.

Daí, salvarei a todos os doentes do planeta
Não os deixarei partir tão cedo
Nunca! Quero-os comigo sempre
Também quando estiver crescido.

Isso não significa que irei ignorar
Tudo o que acontecer no universo.
Sei que existem outros super-heróis
Mas não com o mesmo mago que o meu.

o

AGRADECIMENTOS

Aos meus filhos Anne e Gabriel; aos meus familiares que gosto; a Rael Dionísio; à Karla Ribeiro; Roger Conovalov; Rafael Nobre e à equipe dos meus escritórios; aos leitores e incentivadores de verdade. À vida!

MAURO FELIPPE é natural de Urussanga, Santa Catarina. Advogado, já chegou a cursar Engenharia de Alimentos antes de se decidir pela carreira em Direito. Autor das coletâneas poéticas "Nove", "Humanos", "Espectros", "Ócio" e "Palavras têm vidas", já preencheu diversos cadernos em sua infância e adolescência com textos e versos, dos simples aos elaborados — a predileção pelo segundo evidente em sua escrita.

As temáticas de suas obras são extraídas de questões existenciais, filosóficas e psicológicas compreendidas em seu dia a dia, sendo que algumas advêm dos longos anos de advocacia, atendendo a muitas espécies de conflitos e traumas. Por meio da literatura, pretende viver dignamente e deixar uma marca positiva no mundo, uma prova inequívoca de sua existência como autor.

◉ maurofelippe
❋ MauroFelippeAutor
www.maurofelippe.com

Este livro foi composto por Rafael Nobre com a fonte
Wotfard do estúdio Atipo Foundry. Impresso em papel
Couché 115 g/m² pela Imprensa da Fé, em São Paulo.